O NAUFRÁGIO DAS CIVILIZAÇÕES

CB015731

Amin Maalouf

O NAUFRÁGIO DAS CIVILIZAÇÕES

Um olhar profundo sobre o nosso tempo para entender três feridas do mundo moderno: os **CONFLITOS IDENTITÁRIOS**, o **ISLAMISMO RADICAL** e o **ULTRALIBERALISMO**

2ª reimpressão

TRADUÇÃO Arnaldo Bloch

VESTÍGIO

Copyright © Editions Grasset & Fasquelle, 2019

Título original: *Le naufrage des civilisations*

Todos os direitos reservados pela Editora Vestígio. Nenhuma parte desta publicação poderá ser reproduzida, seja por meios mecânicos, eletrônicos, seja via cópia xerográfica, sem a autorização prévia da Editora.

AMBASSADE DE FRANCE AU BRÉSIL
Liberté
Égalité
Fraternité

Cet ouvrage, publié dans le cadre du Programme d'Aide à la Publication 2019 Carlos Drummond de Andrade de l'Ambassade de France au Brésil, bénéficie du soutien du Ministère de l'Europe et des Affaires étrangères.

Este livro, publicado no âmbito do Programa de Apoio à Publicação 2019 Carlos Drummond de Andrade da Embaixada da França no Brasil, contou com o apoio do Ministério francês da Europa e das Relações Exteriores.

EDITOR RESPONSÁVEL
Arnaud Vin

EDITOR ASSISTENTE
Eduardo Soares

PREPARAÇÃO
Sonia Junqueira

REVISÃO
Eduardo Soares
Júlia Souza

CAPA
Diogo Droschi (sobre imagem de Orla/Shutterstock)

DIAGRAMAÇÃO
Waldênia Alvarenga

Dados Internacionais de Catalogação na Publicação (CIP)
Câmara Brasileira do Livro, SP, Brasil

Maalouf, Amin
   O naufrágio das civilizações / Amin Maalouf ; [tradução de Arnaldo Bloch]. – 1. ed.; 2.reimp – São Paulo : Vestígio, 2022. -- (Coleção espírito do tempo ; v. 2)

   Título original: Le naufrage des civilisations.
   ISBN 978-85-5412-678-0

   1. Civilização moderna 2. Conflito cultural 3. Conflito internacional 4. Geopolítica - 1970 5. Globalização 6. Leste e oeste 7. Mudança social 8. Mudança sociocultural 9. Oriente Médio 10. Países árabes - Condições sociais 11. Política internacional 12. Relações internacionais 13. Relações internacionais - 1945 I. Título. II. Série.

20-38090   CDD-327.101

Índices para catálogo sistemático:
   1. Geopolítica : Ciências Sociais : Política internacional 327.101

Cibele Maria Dias - Bibliotecária - CRB-8/9427

A **VESTÍGIO** É UMA EDITORA DO **GRUPO AUTÊNTICA**

São Paulo
Av. Paulista, 2.073 . Conjunto Nacional
Horsa I . Sala 309 . Cerqueira César
01311-940 . São Paulo . SP
Tel.: (55 11) 3034 4468

Belo Horizonte
Rua Carlos Turner, 420
Silveira . 31140-520
Belo Horizonte . MG
Tel.: (55 31) 3465 4500

www.grupoautentica.com.br
SAC: atendimentoleitor@grupoautentica.com.br

*À minha mãe, a meu pai
e aos sonhos frágeis
que eles me transmitiram.*

■ SUMÁRIO

Prólogo   9

Parte I – Um paraíso em chamas   17

Parte II – Povos em perdição   67

Parte III – O ano da grande reviravolta   125

Parte IV – Um mundo em decomposição   181

Epílogo   239

Posfácio à edição brasileira   247

■ PRÓLOGO

O que reserva o futuro só os deuses conhecem, só eles são possuídores de todas as luzes. Os homens sábios, do futuro, só percebem o que é iminente. Por vezes, quando estão de todo mergulhados em seus estudos, seus sentidos se põem em vigília. Através deles, então, vem à tona o chamado secreto dos fatos que virão à luz, e eles o escutam com recolhimento...

Konstantinos Kaváfis (1863-1933),
Poemas

NASCI COM BOA SAÚDE nos braços de uma civilização que morria, e durante toda a minha existência tive a sensação de sobreviver, sem mérito nem culpa, a uma multiplicidade de coisas que, em torno de mim, ruíam – como esses personagens de filmes que percorrem ruas cujas paredes vão desmoronando, e mesmo assim saem ilesos, sacudindo a poeira das roupas, deixando para trás a cidade vertida numa montanha de escombros.

Foi esse o meu triste privilégio, desde o primeiro suspiro. Mas é também, sem dúvida, uma característica de nossa época, se comparada às que nos precederam. Antigamente, os homens tinham a impressão de que eram criaturas efêmeras num mundo imutável; as pessoas viviam em terras que seus pais haviam habitado, trabalhavam como eles haviam trabalhado, cuidavam-se como eles foram cuidados, instruíam-se como eles se instruíram, rezavam da mesma maneira, deslocavam-se pelos mesmos meios.

Meus quatro avós e todos os seus antepassados de nove gerações nasceram sob a mesma dinastia otomana. Como poderiam duvidar que esta fosse eterna?

"De memória de rosa, jamais se viu morrer um jardineiro", suspiravam os filósofos franceses das Luzes ao refletir sobre a ordem social e a monarquia de seu próprio país. Hoje, as rosas pensantes que somos vivem cada vez mais, enquanto os jardineiros morrem. No espaço de uma vida, temos tempo suficiente para ver desaparecerem países, impérios, povos, línguas, civilizações.

A humanidade se transmuta a nossos olhos. Jamais sua aventura foi tão promissora ou arriscada. Para o historiador, o espetáculo do mundo é fascinante. Falta ainda ele conseguir acomodar-se à angústia dos seus próximos e às suas próprias inquietações.

Foi no universo do Levante que nasci. Mas hoje esse universo é a tal ponto ignorado que a maioria dos meus contemporâneos nem deve mais saber a que estou me referindo.

É verdade que jamais houve uma nação que tivesse esse nome. Quando os livros falam do Levante, sua história é quase sempre imprecisa, e sua geografia, móvel. Em suma: um arquipélago de cidades mercantis, em geral costeiras (mas não sempre), indo da Alexandria a Beirute, Trípoli, Alepo ou Esmirna; de Bagdá a Mossul, Constantinopla ou Salônica; até Odessa, ou Sarajevo.

Tal como eu o emprego, esse vocábulo obsoleto designa o conjunto de lugares nos quais as velhas culturas do Oriente mediterrâneo frequentaram outras culturas, mais jovens, do Ocidente. De sua intimidade deveria nascer, para todos os homens, um futuro diferente.

Voltarei mais detidamente a esse encontro perdido, mas devo dizer uma palavra, desde já, para dar maior precisão a meu pensamento: se os cidadãos de diversas nações e os adeptos de religiões monoteístas tivessem continuado a viver juntos nessa região do mundo, e conseguido entender-se sobre seus destinos, a humanidade inteira teria diante de si – a inspirá-la e a iluminar seu caminho – um forte modelo de coexistência harmoniosa e de prosperidade. Foi o oposto, infelizmente, que se produziu: o ódio prevaleceu, e a incapacidade de viver lado a lado virou a regra.

As luzes do Levante se apagaram. Em seguida, as trevas se espalharam pelo planeta. Do meu ponto de vista, isso não foi simplesmente uma coincidência.

O ideal levantino, tal qual os meus o vivenciaram, e tal qual eu sempre quis vivê-lo, exige de cada um assumir o conjunto de seus pertencimentos, e um pouco também o dos outros. Como todo ideal, nós o aspiramos sem jamais alcançá-lo por inteiro; mas a aspiração, em si, é salutar: indica o caminho a seguir, a via da razão, a via do porvir. Eu iria além, dizendo que é tal aspiração que marca, para uma sociedade humana, a passagem da barbárie à civilização.

Durante toda a minha infância, observei a alegria e o orgulho de meus pais quando mencionavam amigos de outras religiões, ou de outros países. Era uma sutil entonação em sua voz, quase imperceptível. Mas uma mensagem se transmitia. Um modo de emprego, eu diria, hoje.

Naquele tempo, a coisa me parecia ordinária, eu sequer pensava nela, e estava convencido de que era assim sob todo o firmamento. Foi só bem mais tarde que entendi a que ponto essa proximidade entre as diversas comunidades, que reinavam no universo de minha infância, era rara. E como era frágil... Muito cedo em minha vida eu a veria ofuscar-se, degradar-se e, enfim, dissipar-se, deixando em seu rastro nada além de sombras e nostalgia.

Terei eu razão de dizer que as trevas baixaram sobre o mundo assim que as luzes do Levante se extinguiram? Não seria incongruente falar de trevas agora, quando assistimos, meus contemporâneos e eu, ao avanço tecnológico mais espetacular de todos os tempos; agora que temos, na ponta do dedo, todo o saber dos homens; que nossos semelhantes vivem cada vez mais tempo, e com mais saúde que no passado; agora que tantos países do antigo "terceiro mundo", a começar pela China e pela Índia, saem, finalmente, do subdesenvolvimento?

Mas é aí que se situa, justamente, o triste paradoxo deste século: pela primeira vez na História, temos os meios de livrar a espécie humana de todos os flagelos que a assaltam, para conduzi-la serenamente a uma era de liberdade, de imaculado progresso, de solidariedade planetária e de opulência compartilhada; e eis-nos, apesar disso, lançados, em marcha acelerada, na via oposta.

*

Não sou desses que cultivam a crença de que "antes era melhor". As descobertas científicas me fascinam, a libertação dos espíritos e dos corpos me encanta, e considero um privilégio viver numa época tão inventiva e tão desenfreada como a nossa. No entanto, observo, há alguns anos, desvios cada vez mais inquietantes que ameaçam aniquilar tudo aquilo que nossa espécie construiu até aqui. Tudo aquilo que, legitimamente, nos enche de orgulho; tudo o que nos acostumamos a chamar de "civilização".

Como chegamos a esse ponto? É a pergunta que me faço sempre que afronto as sinistras convulsões deste século. O que foi que andou para trás? De que viragens e contornos deveríamos ter fugido? Poderíamos tê-los evitado? E hoje, ainda é possível corrigir o leme?

Se uso o vocabulário marítimo, é porque a imagem que me perturba, há alguns anos, é a de um naufrágio – um moderno cruzeiro, um navio cintilante, certo de si, dito insubmersível como o *Titanic*, carregado de uma multidão de passageiros de todos os países e de todas as classes, e que avança, garboso, rumo ao desastre.

Precisarei acrescentar que não é na posição de simples espectador que observo sua trajetória? Estou a bordo, com todos os meus contemporâneos. Os que mais amo, e os que não amo tanto. Com tudo o que construí, ou creio ter construído. Sem dúvida, eu me esforçarei, ao longo deste livro, para manter o tom mais ponderado possível. Mas é com temor que vejo se aproximarem as montanhas de gelo que se perfilam diante de nós. E é com fervor que peço aos Céus, à minha maneira, que tenhamos sucesso em contorná-las.

O naufrágio nada mais é, diga-se de passagem, que uma metáfora. Necessariamente subjetiva, forçosamente aproximativa. Seria possível descrever os sobressaltos do século por meio de várias outras imagens. Mas é essa que me assombra. Não se passa um só dia, nos últimos tempos, sem que ela venha a meu espírito.

É comum, demasiado comum, infelizmente, minha região natal surgir como o objeto de tais receios. Todos esses lugares cujos nomes antigos adoro pronunciar – Assíria, Nínive, Babilônia, Mesopotâmia, Emese, Palmira, Tripolitânia, Cirenaica, ou o Reino de Sabá – outrora chamado "A Arábia feliz"...

Herdeiras das mais antigas civilizações, suas populações tentam escapar, amontoadas sobre jangadas, exatamente como num antigo naufrágio.

Às vezes, é o aquecimento climático que está em causa. As gigantescas geleiras que não param de derreter; o Oceano Ártico que, durante o verão, volta a ser navegável, pela primeira vez em milênios; os enormes blocos que se soltam do Antártico; as nações insulares do Pacífico que tremem sob o risco de submergir... Será que elas irão testemunhar, nas próximas décadas, naufrágios apocalípticos?

Outras vezes, a imagem é menos concreta, menos pungente do ponto de vista humano, e mais simbólica. Assim, quando contemplamos Washington, capital da maior potência mundial – da qual se espera o exemplo de uma democracia adulta e uma de autoridade quase paternal sobre o restante do planeta – não é a um naufrágio que ela se assemelha? Nenhum barco de imigrantes flutua sobre o Rio Potomac; mas, em certo sentido, é a cabine de comando do navio dos homens que está inundada, e é a humanidade inteira que se vê a pique.

Em outras ocasiões, é da Europa que se trata. A meus olhos, seu sonho de união é um dos mais promissores de nosso tempo. O que foi feito dele? Como pudemos deixá-lo estragar-se a tal extremo? Quando a Grã-Bretanha decidiu deixar a União Europeia, os responsáveis pelo continente apressaram-se em minimizar o acontecimento e prometer iniciativas audaciosas entre os membros restantes para relançar o projeto. Espero, do fundo do coração, que tenham sucesso. Mas, enquanto espero, não posso censurar o murmúrio que em mim ecoa:

"Que naufrágio!"

Longa é a lista de tudo o que, ainda ontem, era capaz de fazer sonharem os homens, de elevar seus espíritos, de mobilizar sua energia – e que hoje perdeu seus atrativos. Não me parece exagero associar essa "desmonetização" dos ideais – que não cessa de se expandir, e que afeta todos os sistemas, todas as doutrinas – a um naufrágio moral generalizado. Enquanto a utopia comunista desaparece nos abismos, o triunfo do capitalismo é acompanhado de um desencadeamento obsceno das desigualdades – o que, economicamente, talvez tenha sua razão de ser; mas no plano humano, no plano ético, e sem dúvida também no plano político, é, inegavelmente, um naufrágio.

Esses poucos exemplos são claros? Não o suficiente, no meu modo de sentir. Eles explicam, sem dúvida, o título que escolhi para o livro, mas não permitem ainda captar o essencial. A saber: que uma engrenagem está em curso, que ninguém a iniciou voluntariamente; que em suas roldanas estamos todos encaixados, à força; e que ela ameaça destruir nossas civilizações.

Ao evocar as turbulências que conduziram o mundo à beira desse desastre, serei muitas vezes levado a dizer "eu", "meu" e "nós". Preferiria não falar em primeira pessoa, sobretudo nas páginas de um livro que se preocupa com a aventura humana. Mas como poderia ter feito de outra forma, se fui, desde o começo de minha vida, testemunha próxima das perturbações que pretendo examinar? Se "meu" universo levantino foi o primeiro a afundar; se "minha" nação árabe foi aquela cuja obsessão suicida envolveu todo o planeta na máquina da destruição?

I

Um paraíso em chamas

After the torchlight red on sweaty faces
After the frosty silence in the gardens
After the agony in stony places (...)
He who was living is now dead
We who were living are now dying
With a little patience

Depois do rubro facho em faces suadas
Depois do frio silêncio nos jardins
Depois da agonia em praças empedradas
Ele que vivia agora é morto
Nós que vivíamos, ora morremos
Com alguma paciência

T. S. Eliot (1888-1965),
The Waste Land

1

NÃO CONHECI O LEVANTE em sua época de ouro, cheguei tarde demais, quando, do grande teatro, só restava um cenário em retalhos e, do banquete, as migalhas. Mas sempre esperei que a festa pudesse recomeçar um dia, e não queria crer que o destino me havia trazido à luz numa casa em vésperas de demolição.

Casas. Meus parentes haviam construído algumas, entre a Anatólia, o Monte Líbano, as cidades costeiras e o vale do Nilo, e as abandonariam, uma após a outra. Só guardei a nostalgia, obviamente, e também uma ponta de resignação estoica face às vaidades desse mundo: não se apegar a nada que se possa lamentar no dia da forçosa partida!

Causa perdida. Toda gente se apega, inevitavelmente. Depois, também inevitavelmente, vai-se embora. Sem sequer fechar a porta deixada para trás, uma vez que já não há mais portas nem paredes.

Foi em Beirute que nasci, em 25 de fevereiro de 1949. A notícia foi anunciada no dia seguinte, como se fazia, às vezes, por meio de uma nota no jornal em que trabalhava meu pai. "O bebê e sua mãe passam bem..."

O país e a região, por sua vez, passavam muito mal. Poucas pessoas se davam conta, à época, mas a descida aos infernos já havia começado. E não cessaria mais.

O Egito, pátria adotiva de minha família materna, estava em ebulição. Em 12 de fevereiro, duas semanas antes do meu nascimento, Hassan El-Banna, fundador da Irmandade Muçulmana, foi assassinado. Naquele dia, ele visitara um de seus aliados políticos; ao sair do prédio, um carro se aproximou e um atirador o alvejou. Mesmo atingido, ele não caiu, e sua ferida parecia sem muita gravidade. Conseguiu até correr atrás do veículo e anotar o número da placa. Foi assim que se soube que o carro dos matadores pertencia a um general da polícia.

Em seguida, El-Banna dirigiu-se a um hospital para se tratar. Seus partidários pensaram tê-lo visto sair durante o dia, com um simples curativo. Preparavam-se para carregá-lo em triunfo. Mas uma hemorragia interna o esvaziaria de todo o seu sangue. Algumas horas mais tarde, estava morto. Tinha apenas 42 anos.

Seu assassinato era uma resposta ao do primeiro-ministro egípcio, Nokrashy Pasha, abatido por um membro da Irmandade um mês antes, em 28 de dezembro. O matador, um estudante de medicina, disfarçara-se de agente da polícia para se infiltrar num prédio oficial, aproximar-se do homem de Estado e atirar à queima-roupa no momento em que ele entrava no elevador. Assassinato este que, por sua vez, era uma reação à decisão tomada pelo governo, em 8 de dezembro, de dissolver a confraria.

A queda de braço entre a organização islamista e as autoridades do Cairo já durava vinte anos. Na véspera de meu nascimento, a escalada se agravou de forma singular. Ao longo das décadas, o conflito havia provocado numerosos episódios sangrentos, assim como longas tréguas, sempre seguidas de recaídas. No instante mesmo em que escrevo estas linhas, a queda de braço continua.

O enfrentamento, iniciado no Egito nos anos 1920, terminaria por repercutir no mundo inteiro, do Saara ao Cáucaso, e das montanhas do Afeganistão às Torres Gêmeas de Nova York, destruídas em 11 de setembro de 2001, por um comando suicida tendo à frente um militante islamista egípcio.

Em 1949, a troca de agressões entre as autoridades e a Irmandade, por mais violenta que fosse, não afetava ainda a vida cotidiana. Por isso, minha mãe não hesitou em nos levar ao Cairo, minha irmã mais velha e eu, quatro semanas depois de eu nascer. Era bem mais cômodo cuidar de nós com a ajuda de seus pais e das pessoas que tinham a seu serviço. No Líbano, meu pai, que vivia do salário de redator, não podia proporcionar as mesmas facilidades. Quando lhe sobrava tempo, acompanhava minha mãe à casa dos pais dela. Coisa que fazia sem desgosto. Ele venerava o passado do Egito, e tinha admiração por sua efervescência cultural – seus poetas, pintores, seus músicos e seu teatro, seu cinema, seus jornais, suas editoras... Foi, por sinal, no Cairo que ele havia publicado, em 1940, seu primeiro livro, uma antologia de autores levantinos em língua inglesa. Foi também no Cairo, na igreja greco-católica, que meus pais se casaram em dezembro de 1945.

Naquele tempo, o Nilo era, para meus parentes, uma verdadeira segunda pátria, e minha mãe me levou, três anos seguidos, para longas temporadas – quando nasci e nos dois anos seguintes. Sempre na estação fresca, é bom dizer, pois no verão o ar era reputadamente "irrespirável".

O ritual foi interrompido bruscamente. Nos últimos dias de 1951, meu avô, Amin, morreu de mal súbito no coração. O que foi para ele, sem dúvida, uma bênção: deixar o mundo antes de ver a obra de sua vida se desfazer. Pois um mês depois, seu querido Egito era consumido em chamas.

*

Ele havia chegado com 16 anos, no rastro do irmão mais velho, e rapidamente encontrou seu espaço graças a um talento singular: a domesticação de cavalos. Quando um animal se mostrava relutante, o adolescente saltava sobre suas costas, agarrava-se a ele com os braços e as pernas, e não o largava mais. O cavalo podia correr, empinar, debater-se: o cavaleiro não cedia. Era sempre a montaria que se cansava primeiro. Mais calmo, o cavalo baixava a cabeça e se dirigia ao poço para estancar a sede. Meu futuro avô dava-lhe tapinhas nos ombros, acariciava seu pescoço, passava os dedos ao longo da crina. A besta estava domada.

Não exerceu por muito tempo esse jovem ofício. Assim que ganhou um pouco de idade e estatura, lançou-se numa carreira totalmente diversa, sem nenhum diploma nem formação específica, mas para a qual havia forte demanda no Egito em pleno desenvolvimento: a construção de estradas, canais e pontes. Fundou com seus irmãos uma empresa de obras públicas em Tanta, cidade no delta do Nilo. Lá, conheceria sua esposa, Virginie, maronita[1] como ele, mas nascida em Adana, na Ásia Menor; a família dela migrara para o Egito, fugindo das sangrentas rebeliões de 1909, que haviam alvejado, de início, os Armênios, antes de estender-se a outras comunidades cristãs.

Meus avós se casaram em Tanta logo após o fim da Primeira Guerra. Tiveram sete crianças. Primeiro, um filho, que morreu muito jovem; depois, em 1921, uma menina, minha mãe, que batizaram com o nome de Odette. Meu pai sempre a chamou pelo codinome Aude.

Assim que o negócio da família começou a prosperar, meu ancestral mudou-se para Heliópolis, a nova cidade fundada nas vizinhanças do Cairo por iniciativa de um industrial belga, o barão Empain. De imediato, ele construiu, numa aldeia na montanha libanesa, para ali passar os meses de verão, uma casa de pedras brancas – sólida, elegante, bem situada, confortável sem ser luxuosa.

Entre os que haviam partido na mesma leva para trabalhar no Egito, alguns viviam, então, em verdadeiros palácios; possuíam

---

[1] Indivíduo que segue a religião católica de rito sírio e que constitui uma das igrejas uniatas, implantada principalmente na Síria e no Líbano. [N.E.]

bancos, fábricas, plantações de algodão, firmas internacionais, e chegavam ao ponto de conceder a si mesmos títulos de nobreza – paxás, condes ou príncipes. Não era o caso de meu avô. Ele ganhava bem a vida, mas não chegara a acumular uma fortuna. Mesmo na aldeia, que contava umas vinte casas, a dele não era das mais suntuosas. Sua árdua dedicação ao trabalho permitiu que prosperasse e ascendesse para além de suas condições de origem, mas sem situá-lo no topo da pirâmide social. Na realidade, seu percurso era parecido com o de muitos de seus compatriotas, que, entre o último terço do século XIX e a metade do século XX, haviam escolhido estabelecer-se no Vale do Nilo em vez de migrar para terras distantes.

Nascido no fim desse período, eu o conheci, primeiro, pelo que diziam dele meus pais e os amigos. Mais tarde, fiz algumas leituras – relatos, estudos cifrados, e também romances à glória de Alexandria ou de Heliópolis. Hoje, estou convencido de que meus próximos tiveram, no seu tempo, excelentes razões para escolher o Egito. O país oferecia ao imigrante obreiro vantagens que a História jamais igualaria desde então.

Verdade que países como Estados Unidos, Brasil, México, Cuba ou Austrália forneciam oportunidades virtualmente sem limites; mas era preciso, antes, transpor oceanos e cortar, definitivamente, os laços com a terra natal; já meu avô podia, no fim de um ano de trabalho, voltar ao coração de sua aldeia, acarinhar-se e recarregar as energias.

Mais tarde, muito mais tarde, haveria um fluxo migratório rumo aos países do petróleo, que estavam próximos geograficamente, onde se podia ganhar a vida com dignidade e onde os mais espertos tinham a chance de fazer fortuna rapidamente. Mas nada além disso. As pessoas trabalhavam duro, sonhavam em silêncio, embriagavam-se às escondidas e descarregavam as tensões no consumo exagerado. Em contrapartida, no Vale do Nilo havia bem mais do que se nutrir. Em música, literatura e nas demais artes, assistia-se a um banquete abundante, do qual imigrantes de todas as origens e credos sentiam-se convidados a participar, assim como a população local.

Compositores, cantores, atores, romancistas e poetas do Egito iriam se transformar em vedetes do mundo árabe, e de outras terras. Enquanto a diva Umm Kulthum cantava os *Rubaiyat de Khayyam*, e a inesquecível Asmahane, imigrante síria, celebrava as *Doces Noites de Viena*, Leila Mourad, nascida Assouline, herdeira de uma longa tradição de músicos judeus, fazia vibrarem as salas de espetáculo com sua canção clássica, que versejava: *Meu coração é meu único guia...*

Esse movimento iria mesmo irradiar-se, a partir do Levante e da língua árabe, para outros universos culturais. É significativo, por exemplo, que "My Way", canção emblemática de Frank Sinatra, tenha sido inicialmente escrita por Claude François, um francês do Egito, antes de ser adaptada para o inglês por Paul Anka, um americano de origem sírio-libanesa. Aliás, mesmo na França, o *music-hall* investiu por muito tempo em estrelas nascidas no Egito, como Dalida, Georges Moustaki, Guy Béart ou o próprio Claude François.

E esse é só um domínio entre muitos outros. Quando meu avô ia ao ministério egípcio das Obras Públicas obter concessões para suas empreitadas, havia, na mesma administração, num dos andares atrás de seu escritório, um funcionário chamado Konstantinos Kaváfis. Ninguém sabia, naquele tempo, que ele seria um dia considerado o maior poeta grego dos tempos modernos – nascido em Alexandria em 29 de abril de 1863, morto em Alexandria em 29 de abril de 1933, dizem seus biógrafos. Nada permite supor que os dois homens tenham se conhecido, mas gosto de imaginar que podem ter trabalhado juntos em algum projeto de irrigação.

Também em Alexandria nascera, em 1888, o grande poeta italiano Giuseppe Ungaretti, que ali viveu seus primeiros anos. Sua mãe era dona de uma padaria.

*

Meu pai, que, ao contrário de muitos compatriotas, não era um homem rico, conhecia o Egito inteiro pelos seus poetas. Com frequência recitava de cor os versos deles, e, de tanto ouvi-los, guardei alguns na memória. Seu modelo era Ahmed Chawki, a quem chamavam "príncipe dos poetas", visto como baluarte de uma renascença cultural árabe que se pensava, à época, ser inevitável e iminente. E que emergiria, sem dúvida, do leito do Vale do Nilo.

Quando Chawki visitava o Líbano, era um evento de peso, noticiado com destaque nas primeiras páginas dos jornais. Aonde ia, era seguido por um enxame de jovens escritores. Meu pai orgulhou-se, a vida inteira, de tê-lo encontrado um dia, em um restaurante ao ar livre. Depois de encher um copo de cerveja, o poeta aproximara a bebida da orelha, inclinando a cabeça ligeiramente para trás, e explicando aos convivas que esse ruído característico era chamado, pelos autores árabes de outros tempos, *jarsh*. Um detalhe sem grande importância, mas do qual meu pai falava com emoção porque trazia à sua memória a voz e o gesto de Chawki.

Quando estou em Roma, vou às vezes ao parque da Villa Borghese, onde há uma estátua do poeta egípcio, usando gravata-borboleta, uma rosa entre os dedos, a cabeça ligeiramente caída para trás, como nas lembranças do meu pai.

Tão importante quanto o "Príncipe" Chawki, e igualmente representativo dessa promissora época, era Taha Hussein, apelidado "o Reitor das letras árabes".

Originário de uma família de aldeãos pobres, cego desde os 3 anos de idade por causa de uma doença mal curada, ele soube transpor sua deficiência e tornar-se o intelectual egípcio mais respeitado de seu tempo. Homem das Luzes, claramente modernista, ele convidava os pesquisadores árabes a reestudar a História com as ferramentas científicas modernas, no lugar de repetir indefinidamente as ideias recebidas dos antigos.

Uma forte polêmica eclodiu em 1926, quando ele publicou uma obra na qual afirmava que a poesia árabe considerada como pré-islâmica fora inteiramente reescrita numa época posterior, num contexto de rivalidade entre as diferentes tribos. O que pareceu chocante, e lhe valeu a reputação de infiel, não foi somente o fato de pôr em causa a visão que se tinha da história literária árabe e da maneira como as obras haviam sido compostas. O que queriam, sobretudo, era impedi-lo de aplicar seu método iconoclasta aos textos religiosos.

Essa controvérsia remetia a uma outra, suscitada por Ernest Renan, sessenta e quatro anos antes, quando este ousou, no seu curso inaugural do Collège de France, chamar Jesus de "um homem excepcional" sem considerá-lo como um deus. Professor na Universidade do Cairo, Taha Hussein foi imediatamente suspenso, assim como o havia sido Renan. Mas quando o xeique de al-Azhar, mais alta autoridade religiosa do país, pediu que ele fosse julgado, o governo egípcio recusou-se a ir tão longe, considerando que a coisa se passava no âmbito de um debate acadêmico normal, no qual a justiça não devia se intrometer.

Apesar dos ataques que sofreu dos meios tradicionais, o Reitor das letras árabes permaneceu, até o último de seus dias, um intelectual eminentemente respeitado por seus contemporâneos. Melhor ainda, foi elevado às mais altas funções, ocupando a reitoria da faculdade de Letras e, depois, da Universidade de Alexandria, tendo chegado, mesmo, de 1950 a 1952, a ministro da Educação Nacional – ou, para retomar a belíssima denominação existente no Egito daquele tempo, "ministro dos Saberes". Uma de suas primeiras decisões foi instaurar o ensino gratuito.

Que um homem cego, percebido por algumas autoridades religiosas como blasfemo, possa ter conhecido tal ascensão diz muito sobre Taha Hussein, claro, mas também, e antes de tudo, sobre o Egito de sua época. Seria possível multiplicar os exemplos. Lembrar que, na Ópera do Cairo, *Aída*, de Verdi, foi criada, em 1871, a partir de uma encomenda do *quediva* (vice-rei) do Egito; evocar os nomes de Youssef Chahine ou Omar Sharif, dois libaneses do Egito que o cinema local iria projetar na cena mundial; citar os inúmeros especialistas que certificam que a escola de medicina do Cairo foi, por um tempo, uma das melhores do mundo... Mas não procuro aqui fazer uma demonstração. Gostaria somente de transmitir o sentimento que os meus me comunicaram: o de um país excepcional, que vivia um momento privilegiado de sua história.

Trouxe à tona algumas lembranças de meu pai, mas foi sobretudo minha mãe que, todos os dias de sua vida, me falou sem parar do Egito. De suas mangas e de suas goiabas cujo perfume "não se encontra em nenhum outro lugar"; das grandes lojas Cicurel, do Cairo, "comparáveis à Harrods, de Londres, e às galerias Lafayette em Paris"; da confeitaria Groppi, "tão boa quanto as de Milão ou Viena"; sem esquecer das longas e langorosas praias de Alexandria...

Havia nisso, sem dúvida, a nostalgia comum que toda pessoa sente no crepúsculo de sua vida, ao cogitar sobre o tempo abençoado da juventude. Mas não era só isso, não era só a palavra de minha mãe. Ouvi tantos outros personagens, li tantos testemunhos, que meus olhos não mais duvidam de que realmente houve, em certo lapso de tempo e para determinada população, um paraíso chamado Egito, aonde cheguei quando não podia mais nada ver, nada entender, nada guardar. E que, um dia, deixou de ser o que havia sido, e de fazer as promessas que um dia fizera.

2

QUANDO MEU AVÔ, nos primeiros dias de janeiro de 1952, foi enterrado no cemitério maronita do Cairo, as ruas estavam pacíficas, como sempre. Mas a tensão era perceptível para os mais atentos.

Uma crise que já durava três meses opunha o governo nacional às autoridades britânicas, que haviam concedido independência ao país trinta anos antes – obrigando-o, contudo, a assinar, em 1936, um tratado que permitia aos ingleses manterem tropas na zona do Canal de Suez. Naquele tempo, a ascensão de Hitler e a conquista da Etiópia por Mussolini justificavam esse tipo de arranjo. Mas, com o fim da Segunda Guerra Mundial, os dirigentes egípcios pediram a Londres que pusesse fim a uma presença militar que não tinha mais razão de ser, que atentava contra a soberania do país e era malvista pela população local.

As conversas foram iniciadas, trocaram-se propostas e contrapropostas e negociou-se à exaustão, mas nenhum resultado foi atingido. Sem escolha, o governo do Cairo, em outubro de 1951, submeteu ao voto do parlamento a revogação unilateral do tratado e exigiu dos britânicos que retirassem suas tropas com urgência. Essa tomada de posição suscitou o entusiasmo dos egípcios, que foram espontaneamente às ruas para festejar a "libertação" do território, como se fosse um fato consumado.

Acontece que Londres não tinha a menor intenção de cooperar. Um novo primeiro-ministro tomava posse: ninguém menos que Winston Churchill. Aos 77 anos, ele acabara de vencer as eleições gerais, retomando as rédeas do governo após a derrota de 1945, que ocorrera apesar do grande triunfo que ele protagonizara.

O homem não perdera nada de sua obstinação. Culpava os trabalhistas pela perda do domínio da Índia e estava determinado a não ceder um milímetro a mais do território do Império ou uma pitada que fosse de seu prestígio pessoal. Assim, em vez de retirar as tropas da zona do Canal, ele ordenou que fossem reforçadas.

Seu homólogo egípcio, Nahhas Pasha, era também um veterano da política. Com 72 anos, estava no quinto mandato de sua longa carreira. Rico proprietário, moderado em seu patriotismo e adepto de uma democracia parlamentar de modelo ocidental, ele não tinha nenhum grande desejo de medir forças com a Grã Bretanha. Mas não podia recuar sem perder a credibilidade, nem se deixar exceder pela militância nacionalista radical.

Por isso recorreu a uma série de retaliações, com o objetivo de cansar os ingleses e a esperança de que, resignados, eles se retirassem por iniciativa própria. Era arriscado, muito arriscado, como mostraria a sequência dos acontecimentos. Mais perigoso seria, contudo, ser visto como cúmplice e colaborador das forças de ocupação.

Parte das medidas tomadas pelas autoridades egípcias foram, aos olhos de alguns, puramente simbólicas. Em Alexandria, avenidas que levavam os nomes de personalidades britânicas, como Lord Kitchener ou o General Allenby, foram rebatizadas. No Cairo, o prestigioso clube privado Gezira Sporting, frequentado por muitos cidadãos ingleses, foi transformado num jardim público aberto a toda a população. Recomendou-se aos comerciantes que interrompessem as importações de mercadorias inglesas. Dezenas de milhares de egípcios que trabalhavam para as tropas britânicas no canal de Suez foram incitados a deixar seus empregos, diante da promessa de compensações. Os mais obstinados, que se recusavam a deixar seus postos, permanecendo a serviço do ocupante, eram ameaçados de sofrer represálias.

Mais graves foram as operações de comandos lançadas contra as instalações britânicas. Reuniam jovens armados saídos de diversos movimentos políticos, dos comunistas e nacionalistas à Irmandade Muçulmana. Alguns desses ativistas pertenciam às forças da ordem, e o governo, para não perder de vez o controle da situação, permitiu que a polícia se associasse aos ataques.

Os ingleses, então, decidiram desferir um duro golpe, de efeito exemplar. Na sexta feira, 25 de janeiro de 1952, tomaram de assalto prédios da polícia em Ismaília, na margem ocidental do Canal. Foi uma autêntica batalha, que durou horas a fio, matou quarenta egípcios e deixou uma centena de feridos. Quando a notícia se espalhou pelo país, a população inteira foi tomada por uma onda de fúria.

No dia seguinte, sábado, manifestantes começaram a se concentrar desde o amanhecer nas ruas do Cairo. O número aumentava com as horas, até que começaram a saquear e incendiar as empresas britânicas mais conhecidas, como o banco Barclays, a agência de viagem Thomas Cook, a livraria W.H. Smith, o Clube de Turfe ou o hotel Shepheard, estabelecimento fundado mais de um século antes, e que havia servido de quartel-general do exército inglês. Desde sempre, fora o mais luxuoso do país.

Depois, os revoltosos ocuparam todos os locais frequentados por ocidentais ou pela classe dirigente egípcia: bares, clubes privados, salas de cinema, assim como grandes lojas de departamento do tipo europeu – entre as quais a inesquecível Cicurel, que fazia a alegria de minha mãe. Por toda parte, saqueava-se, pilhava-se, incendiava-se. Houve, mesmo, uma série de linchamentos. Contaram-se, no fim do dia, pelo menos trinta mortos, cento e cinquenta feridos e mais de mil prédios incendiados. Todo o centro moderno da capital havia sido devastado.

Nunca se soube ao certo quem foram os responsáveis pelo grande incêndio do Cairo. Ainda hoje, alguns historiadores julgam ter sido um movimento espontâneo que pouco a pouco se avolumou, alimentado pela própria ira destrutiva; outros convenceram-se de que havia um "maestro", com objetivos políticos precisos. É sabido que as palavras de ordem foram se propagando ao fio das horas. O que começou com protestos da multidão contra as ações dos soldados ingleses passou a *slogans* hostis ao governo egípcio, acusado de cumplicidade, e terminou com agressões direcionadas ao jovem rei Farouk – que diziam ser corrupto, insensível ao sofrimento dos súditos e entregue à influência de uma corte depravada.

Esgotadas, impotentes, as autoridades não haviam movido um dedo durante o dia, deixando o campo livre aos manifestantes e contentando-se em proteger os bairros onde moravam os dignitários do regime. A partir do dia seguinte, Nahhas Pasha, totalmente desacreditado, teve que apresentar sua demissão. Lamentavelmente, ele perdera a aposta, e desde então não teria mais nenhum papel significativo na vida do país. E não só ele: era a antiga classe dirigente, em bloco, que em breve deixaria a cena para sempre, sob vaias.

*

Seis meses após o incêndio do Cairo, "oficiais livres" tomaram o poder, o monarca partiu para o exílio e teve início uma nova era, caracterizada por uma luta implacável entre duas entidades políticas maiores, ambas ferozmente nacionalistas e firmemente hostis à sociedade cosmopolita anterior: de um lado, a Irmandade Muçulmana, que gozava de um vasto apoio popular; do outro, as forças armadas, de cujos grotões iria emergir um homem forte: o coronel

Gamal Abdel Nasser. Ele se tornaria, por quinze anos, o dirigente mais popular do mundo árabe, e uma das personalidades de maior destaque da cena internacional.

Para os meus, no entanto, sua ascensão fulgurante não trazia bons presságios. O novo homem forte afirmava, a todo momento, que o povo egípcio deveria recuperar, dos estrangeiros, o controle de seu território, de seus recursos, de seu destino. Nos anos que se seguiriam à revolução de 1952, viria à luz um grande arsenal de medidas – ocupações, confiscos, sequestros, expropriações, nacionalizações etc. – com o objetivo de despojar de seus bens todos os proprietários privados, com uma atenção particular, se posso ousar, contra aqueles que tinham a infelicidade de serem "alógenos".[2]

Meu avô morrera antes do incêndio do Cairo e da revolução. Mas seus herdeiros em breve teriam que sacrificar, por uma fração dos justos valores, as propriedades que ele lhes deixara, e abandonar seu Egito natal, de forma dispersa – uns para a América do Norte, outros para o Líbano.

. Enquanto meus parentes choravam seu paraíso perdido, Nasser ia ganhando, incessantemente, um maior vulto, e reforçando seu poder. Por uma série de manobras hábeis, ele se livrou de todos os seus rivais potenciais entre os militares, e saiu vencedor na queda de braço que o opunha à Irmandade Muçulmana. Presidente da República e chefe incontestável da revolução, ele considerou que chegara o momento de dar aos egípcios a desejada revanche sobre os ingleses. Em 26 de julho de 1956, anunciou, num discurso em Alexandria, a nacionalização da Companhia Universal do Canal Marítimo de Suez, cujas instalações mandou ocupar no mesmo dia. Grã-Bretanha, Israel e França reagiram, semanas depois, com uma ação militar concentrada. Mas o ataque não vingou. Desaprovados por Washington e ameaçados

---

[2] Do francês *allogènes*: estrangeiros residentes, em oposição a "autóctones" (nativos). [N.T.]

de represálias por Moscou, os três países foram obrigados a cessar a operação e retirar suas tropas.

A crise do Suez teve como saldo um colapso político maiúsculo para as duas principais potências coloniais europeias, e um triunfo para Nasser. Ele oferecia ao seu povo uma vingança bombástica, calava por um bom tempo a escalada dos islamistas e se situava, na cena mundial, como o novo campeão na luta pelos direitos dos povos oprimidos.

Foi nesse instante de glória que o grande chefe decretou a sentença de morte do Egito cosmopolita e liberal. Nasser tomou uma série de medidas com o objetivo de expulsar do país os britânicos, os franceses e os judeus. Parecia uma sanção segmentada, dirigida aos que haviam promovido a "agressão tripartite". Mas, na realidade, sua política provocou o êxodo em massa de todas as comunidades ditas "egipcianizadas", entre as quais muitas haviam se estabelecido gerações antes, às vezes séculos, às margens do Nilo.

Essas medidas só provocaram comoção nos que foram diretamente afetados. Aos olhos do resto do mundo, elas pareciam, no contexto da época, um desfecho normal da crise do Suez e uma consequência previsível da recuperação, pelo Egito, da soberania violada por um tempo longo demais.

De um dia para outro, Nasser virou o ídolo das multidões, no seu país, no Oriente Médio e além.

Em séculos, nenhum dirigente árabe havia suscitado a esperança trazida por esse belo oficial de 30 anos, de voz inebriante e discursos inspiradores. Mas em nossa casa, quando se falava dele, era raramente para incensá-lo, abençoá-lo ou desejar-lhe vida longa.

3

MINHA FAMÍLIA DO LADO materno sempre teve a sensação de ter sido injustamente expulsa do paraíso terrestre.

Expulsa, ela havia sido, ou ao menos empurrada, sem delicadeza, rumo à porta de saída... Quanto a saber se foi injusto, o assunto merece reflexão. Minha opinião sobre o caso mudou mais de uma vez ao longo dos anos.

Na infância eu tinha, naturalmente, as mesmas convicções de meus parentes. Ouvia os relatos de minha mãe sobre o que "nós" havíamos perdido em Heliópolis ou na Alexandria, e isso me entristecia. Era um tema recorrente nas reuniões de família. Vez por outra, víamos chegar ao Líbano um tio, uma prima ou um amigo que tentaram permanecer no Egito um pouco mais que os outros, antes de jogar a toalha. Lembro-me ainda da fórmula usada por um desses novos "desimigrados" para descrever a vida sob o novo regime revolucionário, que limitara de maneira drástica a liberdade de expressão e de associação, assim como a livre iniciativa: "Atualmente, tudo que não é proibido é obrigatório". Nunca esqueci essa frase, que me parece uma excelente definição do autoritarismo em si.

Houve também episódios sórdidos. Como quando um personagem sinistro veio ver minha mãe e meus tios com uma proposta para trazer de nossa casa em Heliópolis os objetos de valor que as autoridades egípcias impediam de sair do país. Ele garantia ter contatos de confiança na alfândega. Sem muita escolha, a família decidiu dar crédito ao homem. Mas de tudo aquilo que deixamos a seus cuidados, nada, ou quase nada, foi recuperado. Ele se apropriou de tudo, e com certeza vendeu o lote por conta própria. Obviamente, não era o caso de prestar queixa...

Mais tarde, quando comecei a seguir de perto os eventos do mundo, passei a ver as coisas sob outras luzes. O momento era de libertação nacional, do direito dos povos à autodeterminação, da luta contra o colonialismo, o imperialismo, a espoliação do Terceiro Mundo e as bases estrangeiras. Se eu tivesse insistido em ver, no *rais*[3] do Egito, apenas o fardo que ele havia sido para minha família, isso deixaria em mim a sensação de situar nossos interesses estreitos acima dos princípios universais.

Eu me via, então, a admirar nosso "espoliador" e a ouvir seus discursos com alguma empatia. Chegava mesmo a defendê-lo, vez por outra, quando me parecia que o atacavam injustamente. Eu era encorajado, nessa atitude, por um amigo da família, também libanês do Egito, que vinha com frequência almoçar conosco. Embora tivesse sofrido, como meus parentes, com as medidas impostas pela revolução, ele tinha por Nasser uma admiração sem limites, e não o incomodava expressá-la em qualquer circunstância. O que provocava longas e animadas discussões, mas raramente deixava ressentimentos duradouros. As coisas ficavam num nível civilizado e agradável. Meus pais provocavam o amigo quando o *rais* do Egito sofria uma derrota, e ele, por sua vez, os atazanava quando seu herói obtinha uma vitória.

---

3   Do árabe, "chefe". Utilizada em Estados muçulmanos para designar governantes, presidentes ou chefes de Estado. [N.T.]

Meu juízo sobre o grande homem era dividido. E assim permanece. Mesmo hoje, tantas décadas passadas, ainda hesito a seu respeito. Por um lado, Nasser foi o último gigante do mundo árabe, talvez o derradeiro a se revelar. Por outro lado, ele se enganou, em tantas questões essenciais, de forma tão atroz que só deixou, em seu rastro, amargura, remorsos e decepções. Aboliu o pluralismo para instaurar um partido único; amordaçou a imprensa, que era bastante livre sob o antigo regime; utilizou serviços secretos para calar seus oponentes; sua gestão da economia egípcia foi burocrática, ineficiente e, por fim, catastrófica; sua demagogia nacionalista o conduziu ao precipício, e todo o mundo árabe junto com ele...

Fica claro que minhas dúvidas sobre o balanço de seu tempo são substanciais, mesmo não incluindo na equação a variável "egoísta", ou seja, o fato de ter desterrado minha família materna de seu paraíso.

*

Às vezes, imagino um museu dedicado à história universal; um espaço que eu batizaria de "Panteão de Jano".[4] Ali seriam instaladas, sob a tutela emblemática da divindade de duas faces, personalidades de alta estatura que tiveram um papel histórico, digno de admiração – mas igualmente, e às vezes ao mesmo tempo, um papel detestável, destruidor. Dois dos grandes homens que acabei de evocar páginas atrás mereceriam figurar com destaque no Panteão de Jano: Nasser e Churchill.

No caso do *rais* egípcio, terei a oportunidade de citar, na sequência deste livro, algumas tomadas de posição que o tornam amável e fazem seu desaparecimento prematuro provocar em mim, e em muitos árabes, certa nostalgia, mesmo que ele tenha sido indubitavelmente

---

[4] Deus romano das transições e ambiguidades, tem em sua imagem duas faces contrapostas. [N.T.]

um dos coveiros do meu tão querido Levante. Sem me ater demais aos motivos dessa ambivalência, eu diria que o homem cresceu, como tantos outros de sua geração, num ambiente de ressentimento contra a dominação estrangeira, e que mobilizou toda a sua energia para pôr fim a ela – sem perceber que, ao demoli-la, suprimia também um modo de vida que nela se havia plantado. E que poderia ter constituído, ao custo de alguns ajustes, um fator insubstituível de progresso e modernização.

No caso de Churchill, eu obviamente não preciso de longas exposições para dizer a que ponto seu combate obstinado contra o nazismo foi salutar. Sem sua energia, sua determinação, sua habilidade, a Inglaterra teria possivelmente renunciado à luta, a América não teria entrado na guerra, e uma longa noite cairia sobre o mundo. Parafraseando um de seus próprios lemas, "nunca tantos deveram tanto..." a um só homem.

No entanto, quando nos limitamos à sua ação no mundo árabe-muçulmano, descobrimos uma outra face. Sua lendária obstinação, tão admirável diante de Hitler, não foi em nada admirável em relação ao bravo Nahhas Pasha – um patriota moderado, um patrício ocidentalizado, um modernista audacioso, que chegou ao ponto de confiar a um homem das Luzes como Taha Hussein a pasta de Educação Nacional.

É evidente que o objetivo de Churchill não era fechar as vias de uma evolução pacífica e harmoniosa do Egito. Ele só queria, custasse o que custasse, preservar os interesses da coroa britânica, sem se preocupar com os efeitos secundários que pudessem resultar de seus atos.

Mas os retrocessos foram calamitosos. Sem a matança do 25 de janeiro de 1952 – que Churchill, se não ordenou, ao menos autorizou –, uma outra forma de patriotismo poderia ter prevalecido, e o futuro do Egito, e de todo o mundo árabe, seguido um caminho completamente diferente.

A culpa do grande homem é ainda mais transparente num outro processo, o do Irã. Churchill em pessoa se dedicou a derrubar o governo do doutor Mossadegh, um democrata cujo único crime fora o de reivindicar para seu povo uma parte maior nas receitas petrolíferas. Hoje sabemos, através de documentos, que foi o primeiro-ministro britânico quem foi fazer *lobby* em Washington para convencer os americanos a organizar um golpe de Estado em Teerá no ano de 1953.

Assim, por seus atos no Egito, Churchill favoreceu a emergência do nacionalismo árabe na sua versão autoritária e xenófoba; e por sua ação no Irã, pavimentou a via ao islamismo khomeinista. Com a melhor das intenções, presumo, nos dois casos...

*

Agora, fecho os parênteses para voltar à pergunta inicial: meus parentes foram expulsos injustamente de seu paraíso, ou eles mereceram a punição?

Se é o caso de saber quais eram seus sentimentos naqueles anos, creio conhecê-los, e não tentarei negar a evidência: como a maior parte dos "egipcianizados", fossem eles sírio-libaneses, italianos, franceses, gregos, judeus ou malteses, todos preferiam com certeza o reino dos pachás ao dos coronéis. Seu status quo era conveniente, e eles teriam escolhido prolongá-lo ao infinito. E mesmo quando não tinham muita simpatia pela política dos ingleses, viam neles garantias de estabilidade.

Minha mãe contou que no momento do grande incêndio, quando ela temia que os revoltosos invadissem Heliópolis para semear a devastação ocorrida no centro de Cairo, decidiu partir de carro, com sua mãe, para a região do Canal, dominada pelos britânicos. A fuga foi abortada porque as estradas não estavam seguras.

Uma atitude pouco patriótica, devo admitir. Mas o que ela deveria fazer? Aguardar docilmente a horda de incendiários? No fim das contas, os revoltosos interromperam a marcha antes de chegar a Heliópolis. "Nossa" casa estava a salvo. Mas somente para ser liquidada, pouco tempo depois, quando foi preciso deixar o país definitivamente.

Encurralados entre duas forças indomáveis – a da crescente cólera árabe e a da arrogância ocidental que golpeava, à esquerda e à direita, com a sutileza de um paquiderme bêbado –, os meus amados estavam perdidos, em todas as hipóteses. Eles não eram censurados por suas opiniões, suas propostas ou seus atos, mas por sua origem, que não haviam escolhido nem podiam modificar.

Por isso, não darei muita importância às reações que eles foram capazes de expressar naqueles anos de angústia. Quando seu universo começou a se apagar, eles tentaram se agarrar à tábua que parecia mais segura para salvá-los do afogamento, qualquer que fosse ela – um rei, um pachá, um exército estrangeiro. Se não eram inocentes, não eram, tampouco, culpados.

4

COM A PASSAGEM DOS ANOS, e à luz dos acontecimentos das últimas décadas, o dilema moral que me perseguia desde a adolescência hoje me parece inócuo. Parei de me perguntar se os meus, como o conjunto dos "egipcianizados", mereceram o destino que tiveram, e se Nasser tinha o direito de tirá-los assim, sem qualquer preparo, do país onde nasceram.

Hoje, estou convencido de que a melhor atitude diante da questão foi aquela adotada por um outro grande dirigente do continente africano, nascido no mesmo ano que o *rais* do Egito, mas apresentado posteriormente à cena internacional: Nelson Mandela. Quando, depois de passar vinte e seis anos de sua vida nas prisões do regime segregacionista, ele saiu triunfante e se viu na posição de presidente da África do Sul, não quis saber se os brancos o haviam apoiado no combate pela libertação; se haviam deixado para trás a arrogância e o sentimento de superioridade; se souberam integrar-se à população local num espírito de respeito e fraternidade; e se mereciam, portanto, tomar parte na vida da nação... A cada uma dessas questões, a resposta teria sido "não". Mas Mandela absteve-se de fazê-las. Em seu espírito persistia uma outra interrogação: seu país estaria em melhores condições se os Afrikaners ficassem em vez de partir? E a resposta pareceu-lhe evidente: para a estabilidade da África do Sul, para sua saúde econômica, para o bom funcionamento das instituições, para sua imagem no mundo, valia muito mais acolher a minoria branca, independentemente de seu comportamento anterior. E o novo presidente fez o que era necessário para estimular seus inimigos de ontem a não desertarem de seu país.

Um dos momentos mais emblemáticos foi quando, superando ao mesmo tempo os ressentimentos do passado e a embriaguez da vitória, ele foi até a casa de Madame Verwoerd, a viúva do primeiro-ministro que o havia encarcerado, para tomar chá com ela e tranquilizá-la quanto ao futuro.

Terá ele agido assim por habilidade política ou por magnanimidade? A verdade é que pouco importa. Enganamo-nos ao pôr em extremos opostos os interesses e os princípios. Às vezes, estes coincidem. A magnanimidade pode ser uma habilidade, e a mesquinharia uma inaptidão. Nosso mundo cínico rejeita admiti-lo, mas a História está repleta de exemplos que o confirmam. Frequentemente, quando um país trai seus valores, ele trai também seus interesses.

O primeiro caso que me vem à mente é o de Luís XIV, quando revogou, em 1685, o decreto de Nantes, pelo qual seu avô, Henrique IV, havia concedido a liberdade de culto à minoria protestante. Expulsos da França, aqueles que eram chamados à época de huguenotes, foram acolhidos em outras terras europeias, e contribuíram abundantemente para a prosperidade de Amsterdã, Londres e Berlim; em relação a esta última, muitos historiadores julgam que sua ascensão à categoria de metrópole data da chegada dos refugiados franceses – fato particularmente eloquente quando se tem em conta que Berlim iria se tornar a grande rival de Paris.

A expulsão em massa dos huguenotes teve, portanto, o efeito de empobrecer a França e enriquecer seus rivais. Seria razoável dizer o mesmo da expulsão dos muçulmanos e dos judeus pelos reis católicos, seguida à tomada de Granada em 1492: por causa dessa medida, ditada pela intolerância e pela abastança, a Espanha se revelaria incapaz de colher os frutos da conquista das Américas e levaria quinhentos anos para recuperar seu atraso em relação a outras nações europeias.

A única desculpa que poderia justificar os soberanos que tomaram essas decisões desastrosas é que a miopia que os afetou era de tal forma espalhada pelo mundo que assumia o aspecto de sabedoria. Eles não tinham o direito de pensar que seus reinos seriam mais fortes se fossem mais homogêneos? E que os céus os cobririam de glórias em recompensa por terem cassado os "hereges" e os "infiéis"? Na realidade, as coisas não se passam assim. Nem no século XVII, nem hoje. Ao longo de toda a História, as expulsões em massa, por mais justificadas e legítimas que pareçam, ou não pareçam, geralmente prejudicaram muito mais os que ficaram do que aqueles que foram expurgados. Sem dúvida, estes últimos sofreram no início; mas, na maior parte dos casos, eles se recuperaram, superaram seus traumas e, no final, realizaram proezas, para a sorte dos países que decidiram acolhê-los.

Não é por acaso que a nação mais potente do planeta, os Estados Unidos, especializou-se em receber vagas sucessivas de povos banidos e expulsos, desde os puritanos ingleses aos judeus alemães, passando pelos refugiados das revoluções russa, chinesa, cubana ou iraniana, sem esquecer os protestantes da França: o nome do meio do presidente Franklin Delano Roosevelt é de um ancestral huguenote que se chamava, originalmente, De Lannoy.

*

Terei, mais de uma vez ainda, a chance de evocar esse mito perverso da homogeneidade – religiosa, étnica, linguística, racial ou outra – pelo qual tantas sociedades humanas se deixam iludir. Num primeiro momento, eu gostaria de me ater mais especificamente à questão das populações vistas como "alógenas", e da função que elas podem preencher nas sociedades onde vivem.

Frequentemente, os minoritários são os polinizadores. Eles rondam, vão e voltam, e colhem, o que lhes dá uma imagem de aproveitadores e mesmo de parasitas. É só quando eles desaparecem que se toma a consciência de sua utilidade...

O ressentimento que os povos colonizados sentem pelos colonizadores é compreensível; e é normal que seja acompanhado de desconfiança e mesmo de hostilidade em relação aos que foram aliados ou protegidos por seus antigos donos. Entretanto, a história das últimas décadas nos ensina que, muito rapidamente após o combate por sua libertação, chega a hora do combate pelo desenvolvimento e pela modernização. Nessa nova fase, a presença de uma população qualificada, tendo acesso imediato às sociedades industrializadas, é uma vantagem insubstituível. Podemos comparar esse acesso a uma artéria ligando a nova nação ao coração do mundo desenvolvido. Cortar essa artéria é absurdo, é uma automutilação e quase um suicídio. Quantos países jamais se recuperaram de um erro assim!

A hostilidade e a desconfiança são compreensíveis ao fim de um combate penoso. Mas um grande dirigente deve saber ser ao mesmo tempo visionário e pragmático; ele deve pairar acima de ressentimentos viscerais e explicar a seus companheiros de luta e ao conjunto de seus compatriotas que as prioridades mudaram. E que certos inimigos ferozes de ontem se tornaram, no rastro da vitória, preciosos parceiros, devido à sua proximidade com o centro econômico e intelectual do planeta. E também porque eles possuem, graças à posição privilegiada que ocupavam, um *know-how* inestimável. Mesmo o exército e a polícia, instrumentos de repressão a serviço do *apartheid*, foram convertidos, pelas mãos de Mandela, a guardiães da "nação do arco-íris".

Nasser não soube se aproveitar do cenário, mas não serei seu carrasco. Ele chegou ao poder quarenta anos antes de Mandela; e, sem sequer considerar a diferença de caráter entre os dois homens, não há dúvida de que o mundo mudou nesse meio tempo. Em muitos aspectos, o chefe supremo era prisioneiro de concepções que prevaleciam na época. O colonialismo não era ainda visto como um capítulo superado da história humana. A queda de Mossadegh não mostrara que os ocidentais, uma vez cassados, podiam voltar mais fortes e retomar seus domínios?

Num outro plano que se iria revelar determinante, o da economia, o *rais* do Egito não enxergava a utilidade que poderiam ter para seu país as habilidades excepcionais das comunidades "egipcianizadas"; nos anos 1950 e 1960, o socialismo dirigista, fundamentado nas nacionalizações e numa gestão estatal das empresas, parecia ainda uma via promissora para a economia.

A essas "miopias" se juntam outras, que não se explicam apenas pelas datas e pelas ilusões de época. Penso em particular num comportamento, muito característico da vida política árabe, e que representou, ao longo de toda a história recente, uma ferida aberta. Eu o definiria como a incapacidade doentia de resistir à competição. Nasser experimentava constantemente a necessidade de mostrar que era mais nacionalista que a Irmandade Muçulmana e mais radical que os outros dirigentes ufanistas. Mesmo alçado à liderança incontestável do Egito e a ídolo das multidões árabes, ele continuou assombrado pela ideia de que poderia ser varrido por alguém "mais Nasser que ele".

E um dia, por medo de ser acusado de frouxidão, deixou-se envolver numa guerra da qual não desejava tomar parte, e que iria se mostrar fatal para ele e para toda uma nação que lhe confiava seu destino.

Voltarei em detalhes a esse episódio traumático, passado em 1967, quando todos os meus parentes já haviam deixado o Egito havia bastante tempo. Claro que eles continuavam a falar da terra natal sem parar, com um misto de ternura e rancor.

De minha parte, foi com 8 anos que fui pela primeira vez à nossa casa de Heliópolis. Minha mãe me levara para ajudá-la a resgatar objetos pessoais antes que o local fosse evacuado de vez. Minha avó acabava de sucumbir a um câncer. O prédio estava em nome dela, que, em seu leito de morte, o venderia, sinal dos tempos, a um oficial do exército egípcio. A um preço vil, sem dúvida, mas a avó fez o comprador prometer que deixaria, na fachada, a estátua de Santa Teresa – que ela mandara trazer da Itália vinte e cinco anos antes para proteger sua casa recém-construída.

O oficial honrou sua palavra, assim como seus herdeiros. As últimas notícias dão conta de que a santa continua em seu posto.

5

O PARAÍSO DE MINHA MÃE estava perdido para sempre, e a grande tempestade, em rápida expansão, seguia rumo ao paraíso de meu pai. Mas, num lance de sorte, o Líbano seria poupado por um ato de clemência do destino, que desaguaria, até certo ponto, numa última idade de ouro.

Quando, nos anos 1960, abri os olhos para o mundo à minha volta, Beirute já superava o Cairo como capital intelectual do Oriente árabe. Apesar de Nasser ter se firmado, sem rivais à altura, como personalidade mais influente da região, o poder centralizado que ele exercia resultava num controle rígido dos jornais, das editoras, dos meios acadêmicos e dos movimentos políticos do país. Isso fez com que a "ágora"[5] dos debates árabes se transferisse para um terreno neutro, onde não reinasse qualquer autoridade opressora. No caso, o Líbano.

Nenhum país podia cumprir melhor esse papel. Reunindo várias comunidades de diferentes sensibilidades – nenhuma das quais reivindicando qualquer posição hegemônica –, o país era o lugar ideal

---

[5] Na Grécia antiga, o espaço público destinado à livre discussão de ideias, ao discurso e ao debate político. [N.T.]

para a expansão e para o pluralismo. E foi, naturalmente, para lá que se dirigiram todos os que se viam impedidos de se expressarem em sua própria pátria.

Os estados vizinhos tornavam-se cada vez menos receptivos às pessoas que não ocupavam o poder, ou que o haviam perdido. Era o caso da Síria, em especial.

Pouca gente se lembra da época em que o país tinha ainda uma imprensa independente, eleições livres e um leque de partidos políticos. Esse tempo realmente existiu, mas dele não guardo qualquer memória direta, pois em março de 1949, um mês após meu nascimento, Damasco sofreu seu primeiro golpe de Estado. Um general tomou o poder e suspendeu a Constituição. Em junho, ele se autoelegeu presidente da República. Em agosto, foi derrubado por um segundo golpe e sumariamente executado. Em dezembro, seu detrator foi também destituído, meses antes de ser assassinado...

Depois de 1949 – o ano dos três golpes –, a democracia nunca mais conseguiu se impor na Síria. O país não vivenciou nada mais que uma triste e frustrante alternância entre fases de instabilidade e períodos de ditadura. Ao fim de cada convulsão, os perdedores vinham exilar-se no Líbano – oficiais sem cargo, políticos que escaparam à prisão, industriais cujas usinas foram nacionalizadas, artistas e intelectuais em busca de um sopro de liberdade...

Durante décadas, houve, entre Damasco e Beirute, um fluxo contínuo de refugiados. Alguns, pertencentes à elite síria, puderam aderir sem grandes dificuldades à alta-roda do país anfitrião. Ninguém se incomodava de saber que tal poeta, tal atriz, tal compositor, tal ministro ou tal presidente libanês haviam nascido em Damasco ou na Latáquia, em vez de em Beirute ou Tiro.

Concentro o foco no caso sírio, que é o mais marcante; mas o fenômeno é bem mais amplo, e remoto. Por muito tempo, o Líbano serviu de terra de asilo para os mal-amados do Oriente Médio.

Um pouco como havia sido o Egito até os anos 1940 – o que pode dar ao observador tardio uma falsa impressão de semelhança entre os dois modelos levantinos. Na verdade, eles não tinham as mesmas bases.

O cosmopolitismo à moda egípcia herdava a longa tradição das "escalas" – esses *balcões* onde os cidadãos europeus apelavam à proteção dos cônsules das Potências, graças a tratados desiguais que, à época, já eram impostos ao "homem doente"[6] otomano. Sem dúvida não era o mesmo ambiente político do passado, mas algumas práticas persistiam. Se um italiano que vivia no Egito assassinasse seu vizinho, podia pedir para ser julgado na Itália. As autoridades locais não tinham o direito de se opor.

Não escolhi esse exemplo por acaso. Ele é inspirado num fato real narrado na crônica do tempo de meus avós. Em março de 1927, Salomon Cicurel, principal proprietário das lojas de mesmo nome, foi assassinado com oito facadas em sua residência no Cairo. A polícia não teve qualquer dificuldade para chegar aos matadores: um era seu chofer; outro, um antigo empregado que ele havia demitido; havia também dois cúmplices. Entre os quatro criminosos, dois eram, por sinal, de nacionalidade italiana, e as autoridades locais, impedidas de julgá-los no Cairo, foram obrigadas a entregá-los ao país de origem. Um terceiro era grego, e foi enviado à Grécia. Somente o quarto, um tal Dario Jacoel, cujos documentos o denominavam "judeu apátrida", foi julgado e condenado. Ele se fingia, também, de italiano, e até mesmo de membro do Partido fascista, mas não teve como provar. Foi acusado de ser "a alma do complô", quando, claramente, não passava de um comparsa, e devidamente enforcado.

O caso provocou furor. Intelectuais egípcios de renome empunharam suas penas para denunciar uma situação aberrante que

---

6   Termo atribuído ao czar Nicolau para se referir ao declínio do Império Otomano, e depois, generalizado: homem doente europeu; homem doente inglês, espanhol, e assim por diante. [N.T.]

punha os cidadãos estrangeiros acima das leis e lhes dava imunidade diplomática, para não dizer garantia de impunidade.

Esses privilégios abusivos inspiraram, ao mesmo tempo, apetites e ressentimentos. Certas categorias da população procuravam se aproximar dos ocidentais para gozar das mesmas vantagens. Mas a maioria dos nativos via no status dos estrangeiros um insulto à independência do país e à sua dignidade. Teria sido o incêndio do Cairo uma válvula de escape para a imensa cólera represada? Afinal, outras avalanches iriam se produzir, ao longo dos anos, em vários países da região, por motivos parecidos – por vezes, com pesadas e duráveis consequências. A ruptura entre o aiatolá Khomeini e o regime do xá, por exemplo, foi consumada no dia em que o monarca se curvou, em 1964, ao pedido de Washington para que os militares americanos instalados no Irã não fossem, em hipótese alguma, julgados pelos tribunais locais. Nasceu, então, um ânimo de contestação radical que, quinze anos mais tarde, desaguaria no desmoronamento da monarquia e no advento da República Islâmica. Não tenho dúvidas de que essa mudança – sobre a qual voltarei a falar – pode ser explicada por numerosas razões; mas a ira contra a extraterritorialidade, da qual os ocidentais se beneficiaram, foi, sem dúvida, um fator determinante. Não por acaso, um dos primeiros atos dos militantes revolucionários iranianos foi violar a imunidade da embaixada americana e tomar seus diplomatas como reféns.

O ato, com certeza, mostrou-se um desafio flagrante a todas as convenções internacionais. Mas, antes de tudo, um ato de rebelião contra uma "ordem mundial" que prevaleceu por séculos e que instaurava, de maneira às vezes explícita, uma hierarquia entre os povos e as culturas, com os ocidentais no patamar mais alto do trono.

Para as populações atingidas, esse estado desigual de coisas sempre fora degradante; ao crepúsculo da era colonial, tornara-se inaceitável. Tudo o que daí derivava já era, a partir de então, rejeitado com ferocidade, inclusive os eventuais impactos positivos que pudessem, legitimamente, ser contabilizados – como o fato de ter favorecido, em Xangai, Calcutá, Argel ou Alexandria, a emergência de "paraísos" culturais nos quais cresceram, por um tempo, flores delicadas, cultivadas no encontro de diversas línguas, crenças, saberes e tradições.

Essa sublime floração teria de ser efêmera. Fundada em bases tão perversas, não tinha chance de se perpetuar. Mesmo quando não eram responsáveis pela situação que seu status assegurava, as comunidades percebidas como "alógenas" viam-se culpadas pelo simples fato de se beneficiarem dele. E terminaram por pagar o preço. Foi o caso, no Egito, dos sírio-libaneses ou dos gregos; na Líbia, dos italianos ou na Argélia, dos *pieds-noirs*.[7]

Eu ficaria deslumbrado se o universo cultural criado por Kaváfis, Camus, Ungaretti ou Asmahane tivesse a chance de se transformar e se adaptar em vez de desaparecer completamente; mas é preciso reconhecer que seus fundamentos eram corrompidos.

O Egito de minha família materna estava destinado a ir abaixo. Não passava de um sopro de sobrevivência, testemunho agonizante de uma era que se esgotou. Nasser deu o golpe de misericórdia, enterrando-o para sempre.

*

O Líbano não era o mesmo caso. Nenhuma categoria da população gozava de um status de extraterritorialidade. O objetivo dos fundadores do país fora o de organizar a coabitação e manter o equilíbrio entre as comunidades religiosas locais – maronitas, drusos, sunitas, xiitas, gregos-ortodoxos ou gregos-católicos; e também os armênios, os siríacos, os judeus, os alauítas ou os ismaelitas.

Certas comunidades estavam lá desde tempos imemoriais. Outras haviam chegado poucas décadas antes. Mas nenhuma era considerada

---

7 "Pés-negros", em francês no original: é como são chamados os cidadãos franceses que, por diversas gerações, viveram em países do Norte da África até o fim do domínio francês. [N.T.]

estrangeira; no tempo de minha infância, era visto como inconveniente, grosseiro, até, fazer distinção entre povos "autóctones" e "alógenos", ou entre libaneses de raiz e libaneses recentes. Esse modelo levantino não sofria, portanto, do vício original que contaminava o pluralismo cosmopolita à maneira egípcia.

Mas também tinha, infelizmente, suas próprias perversões. Em especial o hábito, que diversas comunidades cultivavam, de procurar protetores fora do país para reforçar sua posição no interior. Era como se, na Suíça (muito se chamou o Líbano de Suíça do Oriente Médio), os habitantes de Zurique, Genebra ou do Ticino apelassem à Alemanha, à França, à Itália cada vez que eclodisse um conflito com o cantão vizinho. A Confederação teria, sem surpresa, explodido em pedaços.

"No início – meu pai explicou um dia –, diziam-nos que esses comportamentos nocivos eram uma herança de nossa agitada história. E que, com o tempo, terminaríamos por nos livrar deles."

É verdade que, outrora, as pequenas comunidades que se haviam instalado na montanha libanesa – e tinham dificuldades para sobreviver sob um regime otomano caracterizado pelas afrontas públicas, as humilhações cotidianas e o reino do arbitrário – sentiam a necessidade de ter um protetor. Os maronitas ligaram-se à França, e seus rivais, os drusos, entenderam-se com a Inglaterra. Os sunitas contavam com os turcos; os ortodoxos, com os russos, e assim por diante. A comunidade greco-católica, à qual pertencia meu pai, ficou sob o guarda-chuva do império austro-húngaro – uma associação bastante simbólica, apesar da foto emoldurada do imperador Francisco José, que eu sempre via numa das casas da aldeia.

Essas afinidades davam às pessoas uma abertura para o mundo, ou ao menos o sentimento de não estarem abandonadas. Continham, sem dúvida, certos aspectos positivos, como favorecer a criação de estabelecimentos escolares e universitários de qualidade. E um papel determinante no nascimento do país.

Quando, terminada a Primeira Guerra Mundial, o império dos sultões começou a se desintegrar, os chefes da Igreja Maronita lutaram para que a França fosse a potência dominante sobre seu território e traçasse as fronteiras de um novo Estado, no qual pudessem se sentir em casa. Assim nasceu o Líbano, em seus limites atuais.

No início parecia, aos olhos de um grande número de seus filhos, uma invenção francesa concebida, antes de tudo, para os maronitas. Por que não se criou, em vez disso, uma Grande Síria?, indagavam certos eruditos da época. E por que não um vasto conjunto agrupando todos os povos árabes?, cogitavam outros pensadores.

Nessa região de populações entrelaçadas e soberanias recém-construídas, os projetos de união sempre contaram com muitos partidários. Mas, sem dúvida, eram bastante irrealistas. Não passavam de um desejo de dar a cada uma das comunidades seu próprio Estado soberano. E erguer, em pátrias eternas, as entidades nascidas do mais recente desmanche, ou da última colagem.

6

A QUESTÃO DA UNIDADE árabe iria ocupar o centro da cena nos anos que se seguiram à chegada de Nasser. Convertido em herói supremo dos povos da região, ele fixou, como objetivo, reuni-los todos num mesmo Estado, que deveria ir "do oceano ao Golfo", abolindo assim as fronteiras delineadas pelos colonizadores. As multidões aplaudiram o projeto com entusiasmo.

A temperatura aumentou alguns graus em fevereiro de 1958, quando os dirigentes sírios, cansados da instabilidade crônica que afetava seu país – e conscientes da adesão maciça de seus cidadãos às teses do pan-arabismo –, pediram ao *rais* do Egito que assumisse o poder em sua terra. Um Estado unitário foi proclamado, sob o nome de República Árabe Unida (RAU), tendo o Egito como "província meridional" e a Síria como "província setentrional".

Em vários países da região, o nascimento da RAU foi acolhido pela população com uma onda de êxtase.

A ideia de que a unidade árabe, considerada até então um sonho remoto, estivesse em vias de se realizar concretamente, gerou uma corrente de esperança do Iraque ao Iêmen, do Sudão ao Marrocos. Em Beirute, como em diversas outras cidades libanesas, manifestações de massa foram organizadas para exigir que o país se juntasse o quanto antes à RAU, tornando-se a "Província Ocidental".

Preciso dizer que minha família materna – recém-fugida do Egito, com seu regime policialesco e suas nacionalizações punitivas, para abrigar-se no Líbano – contemplava com horror a perspectiva de uma anexação do país à nova república nasseriana? A impressão era de estarem sendo perseguidos e caçados pelo próprio destino.

Meu pai, por convicção pessoal e solidário aos sentimentos de minha mãe, estava inquieto e revoltado com o que se passava. Ele assinava, na imprensa, uma crônica diária de tom incisivo e sarcástico, com grande sucesso de público. Gostava de escolher como alvo os atavismos de seus concidadãos e os disparates da vida política. Quando a RAU foi proclamada, soltou o verbo: "Quem tem a sorte de se chamar 'Egito' não muda de nome! Nas maiores universidades do planeta, há eminentes estudiosos que portam o título de egiptólogos! Deveremos, agora, chamá-los 'RAUólogos', e pedir às grandes universidades que possuem departamentos de egiptologia para designá-los 'departamentos de RAUologia'?".

Muitos leitores riam à solta. Outros, não. Meu pai recebeu ameaças de morte. Todos os seus amigos o aconselharam a sossegar a pena e abandonar a ideia de ser um ídolo de massas, por medo de que fosse agredido por algum fanático. De fato, os espíritos estavam fervendo, e a tensão crescia perigosamente. A disputa entre os pró e os anti-nasseristas iria, por sinal, degenerar numa verdadeira guerra civil – que foi breve, mas feroz e sangrenta, deixando milhares de vítimas como saldo.

Eu tinha 9 anos e guardo uma lembrança nebulosa daquilo que é chamado, na história de meu país natal, "Revolução de 1958". Ficaram impressas em minha mente sobretudo as vozes de meu pai e minha mãe mencionando acontecimentos trágicos: o assassinato de um jornalista cristão favorável a Nasser; o incêndio, por rebeldes, da residência do primeiro-ministro – um dos raros políticos muçulmanos que ousara firmar posição contra o *rais* do Egito... Recordo também que as escolas ficaram fechadas por seis meses.

Em 14 de julho daquele ano, no Iraque, uma revolução sangrenta derrubou a monarquia. Os membros da família real e os dirigentes favoráveis ao Ocidente foram massacrados nas ruas. Isso fez os Estados Unidos temerem que o Líbano fosse carregado pela torrente nacionalista de esquerda que varria o Oriente árabe. Em quarenta e oito horas, suas tropas estavam a postos, vindas da frota mediterrânea e das bases na Alemanha, ou trazidas de ponte aérea da Carolina do Norte. Nada menos que quatorze mil homens integraram a operação: eles protegeram o porto de Beirute, o aeroporto, as principais artérias urbanas e os prédios do governo. Os combates entre as facções locais se acalmaram em pouco tempo.

Para acabar com a crise, um novo presidente foi eleito pelo Parlamento, com a bênção de Washington. Era o chefe do Exército, general Fuad Chehab. Descendente de uma família de príncipes que por muito tempo governara as montanhas libanesas sob domínio dos otomanos, formado na escola militar de Saint-Cyr, admirador do modelo republicano francês, o general Chehab tinha, mais que qualquer outro dirigente libanês, o senso de Estado e a vontade de construir uma nação. Proclamou, o quanto antes, que os eventos que haviam coberto o país de sangue não tinham "nem vencedores nem vencidos", e lançou-se a um vasto esforço de reconciliação e ao projeto de dotar o país de instituições modernas.

Uma das primeiras iniciativas foi um gesto simbólico importante, que poderia ter produzido efeitos duradouros se o país e a região tivessem seguido outro rumo: um encontro frente a frente com Nasser na fronteira sírio-libanesa, mais precisamente numa cabana situada sobre a linha divisória que separava o Líbano da "província setentrional" da RAU.

Nessa modesta construção retangular com paredes de chapa ondulada – muito mal aquecida apesar das temperaturas invernais –, o presidente de uma pequena nação frágil e dividida se dispôs a discutir de igual para igual com o homem mais poderoso e temido do mundo árabe. E conseguiu arrancar uma espécie de "compromisso histórico": Chehab garantia que seu país não serviria, nunca mais, de base para os inimigos de Nasser; e Nasser prometia não falar mais em anexação do Líbano à RAU.

Meus parentes não eram favoráveis a esse acordo. A crítica de sempre nas conversas familiares era de que o presidente libanês se "alinhava" a Nasser, transformando nosso país em "satélite" da RAU. Em breve, argumentavam, teríamos nossa imprensa silenciada e nossas empresas, nacionalizadas.

Nenhum aspecto desses temores se justificava. Olhando em retrospecto, aquela reunião numa cabaninha de fronteira foi, de fato, um dos raros momentos em que o Líbano soube defender sua soberania de maneira inteligente e se proteger do alarido mortal que assolava a região.

*

Na manhã de 28 de setembro de 1961, Damasco foi o palco de um novo golpe de Estado. Dessa vez, contra Nasser e a união da Síria com o Egito. Os golpistas acusaram o *rais* de ter desprezado seu país; de tê-lo tratado como uma colônia ou uma presa de guerra; e de ter empobrecido seu povo. De fato, seu socialismo burocrático revelara-se, para a economia síria, tão maléfico como fora para a própria economia egípcia.

Na minha família, a implosão da RAU foi recebida com alívio e mesmo alegria. Ouço até hoje os gritos de êxtase em torno de um rádio transistorizado que difundia os comunicados e os cânticos patrióticos da Rádio Damasco, controlada pelos golpistas. Na crônica do dia seguinte, meu pai estampou seu entusiasmo com tanta eloquência que o general Chehab o convocou ao palácio presidencial para passar-lhe um sermão.

O chefe de Estado temia que a frustração de muitos partidários de Nasser culminasse em revoltas nas ruas de Beirute e de outras cidades libanesas, onde a lembrança dos conflitos de 1958 ainda era vívida. "Não há por que jogar óleo na fervura!", insistiu o general. Os editorialistas deviam mostrar-se responsáveis e circunspectos. "Uma vez que conseguimos o que desejávamos, façamos de conta que estamos tristes pelos derrotados", disse Chehab, com um leve sorriso. Meu pai, que frequentemente repetia essa história, nunca soube se o uso desse "nós" era um recurso de estilo, ou se o presidente tinha a intenção de comunicar que tinha os mesmos sentimentos que ele.

O que era certo: a união sírio-egípcia constituíra uma ameaça grave e iminente à independência do Líbano e à sua paz civil; graças à clarividência e à habilidade de seus dirigentes à época, o país saiu imune, e talvez mais robusto, do difícil teste.

Nos anos seguintes, viu-se a formação, para os pleitos eleitorais, de duas coalizões: uma favorável à linha do presidente Chehab e chamada, justamente, " A Linha"; outra, desfavorável, batizada "A Aliança". Cada uma agrupava tanto cristãos quanto muçulmanos. Eles se enfrentavam em torno de ideias e programas que iam além das considerações dos clãs ou das crenças. O país parecia ter entrado em bons trilhos: os de uma nação adulta, decidida a se modernizar e a "secularizar" gradualmente sua vida política e suas instituições.

Tal orientação era nobre, saudável, estimulante, audaciosa e tinha chance de ter sucesso. O país acumulava trunfos respeitáveis. Estava na vanguarda da região por suas escolas, suas universidades, seus jornais, seus bancos e suas tradições comerciais. Distinguia-se por uma grande liberdade de expressão e uma franca abertura para o Oriente e o Ocidente. Poderia ter alçado o universo levantino e todo o mundo árabe a um estágio mais avançado de democracia e modernidade. Mas foi o Líbano que acabou arrastado para um fosso de violência e intolerância, cujo fundo levava ao desespero e ao retrocesso. E à perda de autoconfiança e de toda a perspectiva de futuro.

7

A RUÍNA DE UM MODELO tão promissor me enche de uma tristeza que não tenho mais tempo de consolar. Perdi também o ânimo de buscar, para o mal, justificativas fáceis. Sem dúvida, o fracasso se explica em parte pelas crises do Oriente Médio, que expuseram meu país a desafios gigantescos. Mas também pela maneira desastrosa com que se reagiu a tais crises.

Nas páginas anteriores, citei um momento crucial, no qual os responsáveis souberam encontrar o modo certo de evitar o passo em falso. Infelizmente, seria a exceção, não a regra. Desde a independência, e sobretudo nas últimas décadas, poucos dirigentes demonstraram uma boa noção de seu papel diante do Estado. A maioria teve como bússola apenas os interesses de seus respectivos clãs, facções ou comunidades religiosas. Procurar aliados poderosos para além das fronteiras nacionais virou, para eles, uma prática corriqueira.

Cada um justificava suas alianças com o fato de que suas comunidades eram minoritárias, haviam sofrido por uma eternidade e precisavam, a qualquer preço, se defender. Naturalmente, todas as comunidades do Líbano são minoritárias, mesmo as mais numerosas;

todas vivenciaram, mais de uma vez, perseguições e humilhações; e todas sentiram a necessidade de usar de astúcia e de se resguardar para sobreviver. Daí, cada qual tratou de tecer suas redes regionais e internacionais com parceiros de todo tipo. Estes, por sua vez, alimentavam suas próprias ambições, seus próprios temores e suas próprias inimizades...

Com o passar dos anos, das crises e das guerras, a terra libanesa se transformou num campo aberto onde se travavam – diretamente ou através de intermediários – incontáveis combates: entre russos e americanos, entre israelenses e palestinos, entre sírios e palestinos, entre israelenses e sauditas, entre iranianos e israelenses – a lista é longa.

Em cada batalha, os soldados estrangeiros obtinham o apoio desta ou daquela facção local. Essas, valendo-se de excelentes pretextos, julgavam oportuno e lógico apoiar-se neles para avançar seus próprios peões, sem preocupar-se demais com o país e com seus frágeis equilíbrios.

Os muros da pequena pátria acabaram rachando, do alto das elegantes coberturas até às bases das fundações. Nada mais se parecia com o que se tentou construir. Nada mais funcionava a contento. As instituições políticas estavam de tal forma abaladas que, a cada nova eleição, ameaçavam desmoronar. A economia só se mantinha de pé graças a complicados ajustes que adiavam por um semestre a bancarrota. A corrupção se associava a uma pilhagem sistemática. Enquanto isso, a população se via privada de serviços tão básicos quanto fornecimento de água, eletricidade, cuidados médicos, transportes públicos, telecomunicação e até mesmo coleta de lixo.

Tamanho colapso material e moral fica ainda mais aterrador quando penso que a Beirute de minha juventude vivia, em matéria de coexistência entre religiões, uma experiência rara. Que poderia, creio, oferecer a uma região tão tormentosa – e mesmo a outras partes do mundo –, um exemplo a se pensar.

Bem sei que todo ser humano é tentado, com a chegada da velhice, a alçar seus tempos de juventude ao grau de idade de ouro. Por outro lado, é preciso admitir que, no mundo de hoje, não se consegue mais, em lugar algum, fazer viverem juntas, de maneira equilibrada e harmoniosa, populações cristãs, muçulmanas e judaicas.

Nos países onde o islã predomina, os adeptos de outras religiões são tratados, na melhor das hipóteses, como cidadãos de segunda classe. Muito frequentemente, a situação é pior, como nos casos dos párias e dos excluídos: uma situação que se deteriora com o tempo, em vez de se atenuar.

Nos países de tradição cristã, o que caracteriza a atitude para com o islã é a desconfiança. Não somente por causa do terrorismo. Não. Há uma desconfiança mais antiga, nascida da rivalidade entre duas religiões conquistadoras cultivando a mesma ambição planetária, que se enfrentaram por séculos; e de múltiplas cruzadas e contra-cruzadas, conquistas e reconquistas, colonizações e descolonizações.

Nas relações entre muçulmanos e judeus, é também a desconfiança que prevalece, nascida, desta vez, de uma rixa relativamente recente, mas virulenta ao extremo, entre os nacionalismos associados à religião, a bordo de uma guerra total – em todos os níveis e em toda a extensão do planeta.

Essa profunda suspeita entre os adeptos das religiões monoteístas – solidamente implantada nos espíritos e constantemente alimentada pela atualidade cotidiana – torna difícil qualquer troca fecunda entre as populações e todo intercâmbio equilibrado entre as culturas.

Não tenho dúvidas de que existem, sob o firmamento, inúmeras pessoas de boa vontade que desejam sinceramente compreender "o outro", coexistir com ele, superando os próprios preconceitos e medos. O que não se vê jamais, por outro lado – e que eu mesmo nunca vi pessoalmente, a não ser na cidade levantina em que nasci –, é essa convivência permanente e íntima das populações cristãs ou judaicas impregnadas de civilização árabe, com as populações muçulmanas decididamente voltadas para o Ocidente, sua cultura, seu modo de vida, seus valores.

Essa variedade tão rara de vivência entre religiões e entre culturas era o fruto de uma sabedoria instintiva e pragmática, mais do que de uma doutrina universalista explícita. Mesmo assim, estou convencido de que merecia ter experimentado uma grande expansão. Chego mesmo a pensar que poderia ter funcionado como um antídoto para os venenos deste século. Ou, ao menos, fornecer alguns argumentos válidos aos que insistiam em se opor às tendências identitárias. O fato de as populações que faziam esse papel catalizador estarem hoje desenraizadas e em via de extinção não é apenas uma infelicidade para as próprias comunidades e para a diversidade cultural. A desintegração das sociedades plurais do Levante causou, também, uma degradação moral irreparável, que afeta atualmente todas as demais sociedades humanas, e culmina, a todo momento, em barbáries inimagináveis.

*

No que se refere, especificamente, à maneira como nasceu a diversidade religiosa em meu país natal, é difícil cantar seus louvores, já que ela terminou com a constatação de um fracasso. Nem por isso seria justo "jogar fora a criança junto com a água do banho", como diz um velho ditado alemão.

O que eu chamo aqui de "a criança" é a ideia de reconhecer a existência de todas as comunidades religiosas, mesmo as menores. E de conceder a cada uma delas status legal, liberdade de culto e direitos políticos e culturais – em uma palavra, dignidade. Um princípio adotado pelo Líbano desde sua fundação, e que o diferencia do resto dos países do mundo.

Essa especificidade foi por muito tempo percebida como uma curiosidade local, risível e provavelmente supérflua – tanto que os povos vizinhos proclamavam, em alto e bom som, que seus próprios cidadãos eram todos tratados da mesma maneira, independentemente de seu pertencimento religioso ou étnico. Quem ousasse insinuar que havia uma diferença de tratamento pelo fato de a pessoa ser sunita ou xiita, muçulmana ou copta, árabe ou curda, alauíta ou drusa era acusado de propagar as mentiras sobre os inimigos da nação! Nem na Síria, no Iraque, no Egito, no Sudão ou em qualquer outro país árabe; nem mesmo nas nações não árabes no Oriente Médio, como Israel, Irã ou Turquia, se fazia qualquer distinção – não é mesmo? – entre cidadãos segundo sua religião e sua etnia! Só o Líbano ainda estava imerso nesses arcaicos caprichos...

Hoje, sabe-se que essa recusa em reconhecer a existência de diferentes comunidades religiosas ou linguísticas não teve por consequência proporcionar igualdade entre os cidadãos ou abolir as discriminações, mas exatamente o inverso. Onde quer que seja, ela levou à marginalização e à exclusão de populações inteiras que tinham um papel a exercer.

Ao escrever estas páginas, penso primeiro no Oriente Médio, minha região natal, na qual nenhum país pode se orgulhar de seus feitos nesse aspecto. Mas nem por isso a negação constitui uma virtude no resto do mundo. Sem dúvida é teoricamente possível que, em certas sociedades, as mentalidades sejam evoluídas a ponto de as diferenças religiosas ou étnicas se tornarem supérfluas. Para ser franco, não conheço tais sociedades, nem seria capaz de citar uma. Mas admito, de bom grado, que possa vir a existir, no futuro, em um mundo ideal. Até lá, permanecerei cético em relação aos países que proclamam que todos os seus cidadãos são tratados da mesma maneira e que nenhuma parcela de sua população tem necessidade de ser mais protegida que outra.

Essa necessidade de tranquilizar as comunidades mais inquietas estava presente desde o início da experiência libanesa e continua a ser, a meus olhos, sua contribuição mais notável à civilização de hoje. Esse "arcaísmo" trazia em si, apesar das aparências, promessas de uma verdadeira modernidade.

Lamentavelmente, havia também, em torno da promissora "criança", uma "água de banho" que deveria ser descartada assim que possível. Estou me referindo ao confessionalismo. Esse termo – equivalente local do que se chama, em outros lugares, de comunitarismo – designa todo um sistema de cotas, em virtude do qual os postos importantes do país são repartidos *a priori* entre os representantes das comunidades.

Na origem, a ideia não era nenhuma aberração: tratava-se de evitar que, na eleição de um dirigente, tivéssemos sempre um candidato cristão concorrendo com um muçulmano, cada um apoiado por seus respectivos correligionários. Decidiu-se, então, dividir oficiosamente as funções entre as diferentes comunidades. O presidente da República seria obrigatoriamente um cristão maronita; o presidente do Conselho, um muçulmano sunita; o presidente do Parlamento, um muçulmano xiita. No governo, haveria sempre uma paridade exata entre ministros cristãos e muçulmanos. E cada comunidade teria suas cadeiras de deputados, invioláveis. Procurou-se também respeitar certas dosagens dentro da função pública.

Embora complexa, e mesmo tortuosa, essa estrutura tinha sua razão de ser e poderia terminar por produzir os resultados esperados. Mas o caráter insidioso e tóxico inerente ao sistema de cotas foi subestimado. Esperava-se que, ao atenuar a competição entre as comunidades, fosse possível reduzir pouco a pouco as tensões. E reforçar, nos cidadãos, o sentimento de que pertencer a uma nação predominava sobre o pertencimento a um credo. Contudo, foi o inverso. No lugar de se dirigir ao Estado para obter seus direitos, os cidadãos consideravam mais útil procurar os dirigentes de suas comunidades. Estas passaram a ser principados autônomos, governados por clãs ou por milícias armadas que colocavam os próprios interesses acima do interesse nacional.

Para dizer a verdade – e eu a escrevo ao anoitecer de minha vida com uma infinita tristeza –, no lugar de cuidar da criança e jogar a água suja fora, fez-se o contrário. Descartou-se a criança para conservar a água suja. Tudo o que era promissor se desidratou. Tudo o que era aflitivo e doentio, e que deveria ser provisório, instalou-se com mais força do que nunca.

Hoje, estou certo de que o ideal – para meu país natal, mas não só para ele – não reside nem no sistema de cotas, que aprisiona a sociedade a uma lógica perversa, conduzindo-a ao caminho que se quis evitar, nem na negação das diferenças, que dissimula os problemas e contribui, com frequência, para agravá-los. Residiria, sim, na instauração de um dispositivo de vigilância, por meio do qual se pudesse verificar permanentemente que nenhum setor da população – e mesmo, idealmente, nenhum cidadão – fosse vítima de discriminação injusta ligada à cor, à religião, à etnia, à idade, ao sexo etc. Se não queremos nos resignar a uma lenta putrefação do tecido social, nem entrar na lógica insidiosa do comunitarismo, é preciso que nos esforcemos para ter em conta as inúmeras sensibilidades que existem no seio da população. Para que cada indivíduo se reconheça dentro da sociedade em que vive, em seu sistema social e nas suas instituições. Isso exige uma atenção diária a todas as tensões e distorções.

Claro, não é simples. Como não é simples, para as autoridades de um país moderno, gerenciar a saúde pública, os transportes, o ensino. Mas quando se toma consciência de que o que está em jogo é a sobrevivência da nação, sua prosperidade, seu lugar no mundo e sua paz civil, encontram-se os meios, custe o que custar.

*

Será justo eu dar tamanha importância à minha região natal, a suas particularidades sociológicas e às tragédias que a encheram de pesar?

O que me incita a isso é que as turbulências do mundo árabe-muçulmano se tornaram, nos últimos anos, a fonte de uma angústia maior para toda a humanidade. Fica evidente que algo de grave e sem precedentes se passou naquela região, algo que contribuiu para desregular o mundo e desviá-lo do caminho que lhe estava destinado.

É um pouco como se tivéssemos todos sofrido um terremoto mental de grande magnitude, cujo epicentro estivesse nas vizinhanças de minha terra natal. E é justamente a bordo dessa "falha" que luto para compreender como o abalo se produziu e por que se propagou para o resto do mundo, com as consequências monstruosas que conhecemos.

Terei a oportunidade de voltar mais de uma vez a essa questão, pela qual sou obcecado e que está no coração deste livro. Se eu a abordo aqui, no fim deste capítulo dedicado aos paraísos perdidos de minha infância, é porque me parece hoje que, se as experiências levantinas tivessem vingado e apresentado modelos viáveis, as sociedades árabes e muçulmanas teriam, possivelmente, evoluído de outra forma. Com menos obscurantismo, menos fanatismo, menos desassossego, menos desespero...

Talvez, mesmo, a humanidade inteira tivesse seguido outra rota, e não a que hoje singramos e que nos leva todos ao naufrágio.

II

Povos em perdição

Os impérios mais civilizados estarão sempre tão perto da barbárie quanto o ferro mais polido está da ferrugem; as nações, como os metais, de brilhantes só têm as superfícies.

Antoine de Rivarol (1753-1801),
De la philosophie moderne

1

SEMPRE SENTI UM GRANDE afeto pela civilização de meus pais; esperei vê-la renascer, prosperar, florescer, reencontrar seu brilho, sua grandeza, sua generosidade, sua inventividade. E, assim, surpreender mais uma vez toda a humanidade. Jamais teria acreditado que no crepúsculo de minha vida eu seria levado a descrever seu itinerário por meio de palavras como aflição, desolação, deriva, cataclismo, retrocesso, naufrágio, perdição...

Mas como qualificar de outra forma a paisagem degradada que se expõe aos nossos olhos? Países que se desintegram, comunidades milenares mutiladas, os nobres vestígios que demolimos, cidades dilaceradas; e a indescritível escalada de selvageria – apedrejamentos, decapitações, amputações –, tudo devidamente filmado e postado, para que o resto do planeta não perca uma só imagem?

Raramente, na História dos povos, o ódio de si próprio alcançou tais extremos. Em vez de elevar o prestígio de sua civilização, alardear sua contribuição à aventura humana nas matemáticas, na arquitetura, na medicina ou na filosofia; em vez de lembrar a seus contemporâneos os grandes momentos de Córdoba, Granada, Fez, Alexandria, Sirte, Bagdá, Damasco e Alepo, os descendentes dos sublimes construtores de ontem preferem, em vez disso, mostrar-se indignos da herança pela qual deveriam zelar. Seria possível, mesmo, dizer que eles procuram deliberadamente envergonhar os que amam sua civilização, para dar razão a seus detratores.

Antigamente, aqueles que odiavam os árabes eram suspeitos de xenofobia ou de nostalgia colonialista; hoje, todos se sentem autorizados a odiá-los em boa consciência, em nome da modernidade, da laicidade, da liberdade de expressão ou dos direitos das mulheres.

Eu me referi, acima, a um "ódio de si"... Tal atitude me parece relativamente recente. Durante toda a juventude, irritava-me a falta de confiança de meus parentes neles mesmos e em sua capacidade de tomar conta dos próprios destinos – uma disposição de espírito que não deixa de ter a ver com o ódio de si e que é, sem dúvida, o solo onde esse ódio se implanta. Mas ela não traz os mesmos impactos destrutivos, e não é, de maneira alguma, um atributo de um povo, de uma etnia ou de uma comunidade religiosa. Todos aqueles que, por um longo período, se submeteram à autoridade rigorosa de um colonizador, de um ocupante ou de uma metrópole conhecem esse sentimento de dependência, essa necessidade de aguardar o aval de uma instância superior, esse temor de ver suas próprias decisões desprezadas, sancionadas, abolidas.

A história de meu país natal é eloquente nesse aspecto. Durante séculos, as ordens vinham de Istambul – da Sublime Porta, como costumávamos dizer. Vez por outra, um emir da Montanha se rebelava, anexava um feudo, costurava alianças, obtinha duas ou três vitórias. Infelizmente, a Sublime Porta acabava reagindo; vencido, o rebelde era feito prisioneiro e conduzido, acorrentado, a algum cárcere úmido. Foi só no crepúsculo dos otomanos que o Monte Líbano pôde escapar à sua influência – quando passaram a existir, acima do sultão, soberanos bem mais poderosos que ditavam a ele suas próprias exigências.

Mas nem por isso o hábito de obedecer a uma Sublime Porta desapareceu. As ordens não vinham mais de Istambul: o povo agora as recebia de Washington, de Moscou, de Paris, de Londres e também de algumas capitais regionais, como o Cairo, Damasco, Teerã ou Riad. Ainda hoje, quando chega a hora, por exemplo, de eleger um novo presidente, o cidadão não se pergunta qual dos candidatos potenciais será o melhor para o país: pergunta, sim, em torno de que nome as chancelarias vão fechar um acordo. Mais de uma vez aconteceu, inclusive, de uma eleição ser adiada para bem além do prazo constitucional, à espera de que as "potências eleitoras" conseguissem se entender.

Mesmo com suas peculiaridades, o caso libanês é bem representativo de um estado de espírito que existe, em diferentes proporções, no conjunto dos países árabes, e se caracteriza por uma atenção excessiva aos desejos das potências. Todos estimam que estas são onipotentes, e que resistir é inútil. Consideram que há entre elas uma conivência, e que não vale a pena jogar com suas contradições. Estão certos de que as potências conceberam, para o futuro das nações, projetos bem precisos que não podem ser modificados, restando, apenas, tentar adivinhá-los; assim, a mais pífia declaração de um conselheiro subalterno da Casa Branca é interpretada como um decreto dos céus.

Esse defeito do qual sofrem os meus resulta de uma longa prática do desencorajamento e da resignação. Para que protestar, reivindicar, inflamar-se, se já sabemos que tudo irá terminar num banho de sangue? Para que combater tal adversário, tal dinastia, se as potências jamais nos libertarão? Se são, evidentemente, as mesmas potências que irão determinar o momento em que uma guerra deve começar e o momento do cessar-fogo... Quem duvidar dessas sagradas afirmações será visto como um ingênuo ou um ignorante.

*

Embora risível e irritante, essa falta de autoconfiança parece benigna se comparada à que emana do mundo árabe nos últimos anos, a saber, uma profunda aversão a si mesmo e aos outros, acompanhada de uma glorificação da morte e dos comportamentos suicidas.

Não é fácil traduzir em palavras um desvio tão monstruoso. Eu gostaria simplesmente de dizer aqui que, para aqueles que nasceram na mesma época e na mesma região que eu, essa evolução parece ao mesmo tempo mais inquietante e menos surpreendente que para a maioria dos observadores contemporâneos.

Quando um homem decide pôr fim a seus dias, só nos resta perguntar por que ele chegou a tal extremo. Se as causas de cada suicídio nunca são as mesmas, há, em geral, uma razão comum: a ausência de esperança e o sentimento de ter perdido, de maneira irrevogável, aquilo sem o que a vida não vale mais a pena ser vivida – a saúde, a fortuna, a dignidade ou a pessoa amada.

Não ousaria acrescentar que esse processo funciona da mesma maneira para os povos. Pois, na verdade, isso não ocorre jamais. Acontece, sim, que um grupo de pessoas – uma família, uma tropa, uma pequena seita – pratique um suicídio coletivo. As crônicas antigas relatam que, na Fenícia do século IV antes de nossa era, os habitantes de Sidom, cercados pelo rei da Pérsia, incendiaram sua própria cidade, preferindo perecer a entregar-se ao invasor; e todos conhecem o episódio de Massada, onde os rebeldes judeus se mataram para não cair nas mãos dos legionários de Roma.

Mas o fenômeno ao qual assistimos neste século vai além. Que milhões de pessoas se encontrem sob o império do desespero e que um grande número delas venha a adotar atitudes suicidas, isso jamais se viu na História. E penso que ainda não captamos toda a medida do que se passa diante de nossos olhos no mundo árabe-muçulmano e em todos os países onde vivem suas diásporas.

Lembro-me de ter assistido, em abril de 2011, nas primeiras fases da rebelião síria, a um vídeo filmado à noite, no qual os manifestantes proclamavam, em marcha: "Ao paraíso nós iremos, mártires, aos milhões". Um *slogan* que, em breve, seria ouvido em outros países da região.

Ao contemplar esses homens, eu sentia um misto de fascínio e horror. Eles demonstravam uma grande coragem – sobretudo porque, naquele tempo, estavam sem armas, e os partidários do regime abriam fogo cada vez que se reuniam. Mas suas palavras revelavam almas danificadas e desnudavam todo um mundo em agonia.

Quando uma pessoa perde a vontade de viver, cabe a seus próximos devolver-lhes a esperança. Quando são populações inteiras que se deixam invadir pela vontade de destruir e de se autodestruir, cabe a nós todos, seus contemporâneos, seus semelhantes, encontrar o remédio. Se não pela solidariedade com o outro, ao menos pela vontade de sobreviver.

Pois o desespero, em nosso tempo, se propaga para além dos mares, para lá dos muros: vence todas as fronteiras concretas ou mentais, e não é fácil combatê-lo.

2

GUARDO SEMPRE COMIGO, num cartão dobrado, as palavras de um poeta árabe desconhecido, Omayyah Ibn Abissalt al-Andalusi, nascido em Dénia, Espanha, no século XI:

Se eu sou feito de argila,
A terra inteira é meu país
E todas as criaturas são meus parentes.

Não é, aliás, necessário voltar tão longe no passado para avistar uma face bem diferente da civilização de meus pais. A abominação que vemos hoje emergir é mais recente do que parece. Eu mesmo conheci uma realidade bem diversa. Porém, quando me ponho a falar disso nos dias de hoje, o aborrecimento, a impaciência e a incredulidade crescem entre os que estão à minha volta.

O que não chega a me surpreender. Quando uma calamidade eclode de fato, não podemos jamais demonstrar que ela era evitável. Mesmo quando estamos, internamente, convencidos disso. E eu estou. Passei minha juventude nessa parte do mundo, e não parei de observá-lo desde então. O duvidoso privilégio de minha geração é justamente o de ter sido testemunha da lenta metamorfose do Dr. Jekyll em Mr. Hyde; estou me referindo à transformação de um vasto conjunto de povos que não se afastavam muito das normas de seu tempo – e compartilhavam os sonhos, as ambições e as ilusões de seus contemporâneos – em multidões desvairadas, raivosas, ameaçadoras e desesperadas.

Essa "normalidade" está hoje esquecida. Muita gente custa mesmo a crer que ela realmente existiu, habituada demais a observar tudo o que se refere aos árabes e ao islã como vindo de outra galáxia. Não é inútil lembrar-lhes, por exemplo, que a linha de fratura ideológica entre o marxismo e seus adversários que a humanidade conhecia no século XX atravessava o mundo árabe-muçulmano tanto quanto o resto do planeta.

Países como o Sudão, o Iêmen, o Iraque ou a Síria abrigavam importantes formações políticas comunistas. E a Faixa de Gaza, antes de virar o bastião do Hamas (expressão palestina da Irmandade Muçulmana), foi, até os anos 1980, o feudo de uma organização que se dizia marxista-leninista.

Mais eloquente é ainda o exemplo da Indonésia. Atualmente, sempre que a mencionam, enfatiza-se o fato de ser a maior nação muçulmana do mundo. No tempo de minha adolescência, era igualmente conhecida por uma outra particularidade: a de hospedar o maior partido comunista do planeta depois da China e da URSS; em seu apogeu, chegou a ter cerca de três milhões de membros, um pouco mais que seu "concorrente" mais próximo, o Partido Comunista Italiano.

Não estou aqui fazendo apologia do movimento comunista. Este trouxe esperanças imensas para a humanidade, depois as traiu. Mobilizou personalidades de valor, portadoras dos ideais mais generosos, depois as conduziu a um impasse. Sua falência foi catastrófica, na proporção de seus erros, e facilitou o mergulho do mundo na ruína que presenciamos hoje.

Se, ao evocar esse passado próximo, meu tom traduz, ainda assim, certa nostalgia, é porque a presença, no seio de muitas nações, de grande maioria muçulmana, entre os anos 1920 e o fim dos anos 1980, de uma ideologia decididamente laica como o marxismo parece, hoje, um fenômeno significativo e revelador, cujo desaparecimento se pode legitimamente lamentar.

Para além do aspecto puramente político, é preciso lembrar a atmosfera intelectual e cultural que reinava durante boa parte do século XX, e que eu mesmo conheci em Beirute. Tenho em mente, por exemplo, os debates que os estudantes e as estudantes podiam travar na universidade de Cartum, nos jardins de Mossul ou nos cafés de Alepo; nos livros de Gramsci que esses jovens se habituaram a ler; nas peças de Bertolt Brecht que eles encenavam e aplaudiam; nos poemas de Nazim Hikmet ou de Paul Éluard; nos cantos revolucionários pelos quais seus corações batiam; nos eventos que os faziam reagir – a guerra do Vietnã, o assassinato de Lumumba, o cárcere de Mandela, o voo espacial de Gagarin ou a morte de Che Guevara. E, mais que tudo isso, penso, com profunda nostalgia, no sorriso dos estudantes afegãos ou iemenitas que as fotos dos anos 1960 ainda irradiam. Depois, comparo com o universo confinado, sombrio, triste e enfezado no qual se veem aprisionados os que frequentam hoje em dia os mesmos locais, as mesmas ruas, os mesmos anfiteatros.

Minha tristeza também se explica por algumas outras razões das quais geralmente pouco falo, apesar de pensar muito nelas.

Quando repasso na memória a história de minha região natal nos últimos cem anos, constato que os movimentos políticos de inspiração marxista foram, em última análise, os únicos a permitir que muçulmanos, judeus e cristãos de todos os credos pudessem se encontrar lado a lado durante um tempo. É verdade que, na maior parte dos países, o impacto dessas formações foi limitado. Mas houve algumas exceções notáveis.

Penso, em especial, no caso de um personagem chamado "camarada Fahd". Nascido em Bagdá em 1901, de uma família cristã assíria, fez seus estudos numa escola de missionários americanos antes de descobrir o marxismo e se engajar nas lutas sociais. Ele tinha tamanho carisma e poder agregador que se tornou não apenas o chefe incontestável do jovem Partido Comunista Iraquiano, mas uma das figuras mais populares do país, todas as comunidades combinadas. As autoridades decidiram encarcerá-lo. Apesar disso, ele conseguia organizar, de dentro da prisão, greves gerais e manifestações de massa. Foi quando se resolveu eliminá-lo de uma vez por todas. Condenado à morte por "contatos com países estrangeiros", "ações subversivas" e "propaganda comunista no seio das forças armadas", o "camarada Fahd" foi enforcado em praça pública em fevereiro de 1949.

Conta-se que a nação inteira mergulhou no luto. Seus companheiros ficaram inconsoláveis, e milhares de militantes juraram vingá-lo. Conta-se mesmo que, no dia em que a monarquia iraquiana foi derrubada, nove anos depois, os manifestantes tornaram reféns os dirigentes que julgavam responsáveis por sua morte: conduziram-nos do palácio real até o endereço onde "o camarada Fahd" foi sentenciado, e os submeteram ao mesmo destino.

Se contei essa história, foi só para sinalizar que hoje em dia não existe mais, nesse país ou no restante da região, um só movimento político que possa conduzir ao topo de seu comando uma pessoa que pertença a uma pequena comunidade, como a dos cristãos assírios. Para que um iraquiano possa ter um papel destacado, ele deve, obrigatoriamente, ser oriundo de um dos três principais componentes da nação – os xiitas, os sunitas ou os curdos. Hoje não existe, aliás, mais nenhum partido que tenha representantes nas três comunidades ao mesmo tempo...

Fossem cristãos assírios ou assírio-caldeus, estes tiveram que deixar em massa essa Mesopotâmia onde, por milênios, viveram seus ancestrais, para se exilar nos Estados Unidos, no Canadá, na Suécia e em outros países. Arrancados, ontem mesmo, de suas terras, diante de nossos olhos e na indiferença chocante que caracteriza este século.

*

O caso do "camarada Fahd" leva a uma questão que me preocupa há muito tempo, da qual não se fala o suficiente e que ganhou importância, nos últimos anos, com o crescimento do comunitarismo.

Pergunto-me frequentemente se não houve, na história do comunismo, desde sua origem, um enorme mal-entendido, propagado de maneira consciente ou inconsciente por seus fundadores, por seus adeptos e também por seus detratores, e que podemos formular da seguinte maneira: não foi somente aos proletários que Marx prometeu, de algum modo, a salvação; ele o fez também às minorias, ou seja, a todos aqueles que não podiam se identificar plenamente com a nação destinada a ser a sua. Foi assim, em todo caso, que muita gente compreendeu a mensagem.

Não é por acaso que o chefe histórico do partido comunista iraquiano era um cristão e o chefe histórico do partido comunista sírio, um curdo. Não é por acaso que tantos judeus da Rússia, da Alemanha, da Polônia, da Romênia e de outras nacionalidades aderiram ao movimento com entusiasmo. Tampouco foi obra do acaso se, na criação do Estado de Israel, os árabes que ficaram no território se enfileiraram em massa sob o estandarte do Partido Comunista: era a única formação que permitia participar da vida política em condição de igualdade com seus concidadãos judeus, sem ter o sentimento de trair sua identidade árabe. Em muitos países, os que não pertencem à religião dominante ou à etnia majoritária se encontram em geral excluídos, ou, ao menos, marginalizados; eles tendem a se engajar na ação política, sentem a necessidade de aderir a um espaço no qual possam se sentir num status equivalente ao de seus compatriotas das comunidades maiores.

No Levante, como na Europa oriental e em muitas outras regiões do mundo, os movimentos de inspiração marxista cumpriram por muito tempo essa função. Ali encontrávamos homens – e também mulheres – de diversas religiões, todos seduzidos por uma doutrina que enfatizava o pertencimento a uma classe e ocultava, assim, a deficiência, para não dizer a maldição, que era para eles o status de minorias. Transcender seus pertencimentos restritos, projetando-se numa identidade vasta, abraçando "os proletários de todos os países", ou seja, a humanidade inteira: o que eles poderiam esperar de melhor? Independentemente das ideias políticas que os acompanhavam, esse estado de espírito representava inegavelmente um progresso, e não apenas para os militantes; ao elevar-se acima de sua própria comunidade, eles se libertavam da pesada lógica de grupo. E a sociedade, como um todo, se libertava um pouco também.

Parece evidente que a maioria deles ficaria escandalizada se lhes explicassem nesses termos as razões subterrâneas de seu engajamento. Do seu ponto de vista, eles estavam simplesmente em estado de revolta contra a opressão, contra a alienação, contra a exploração do homem pelo homem. Falavam, com prazer, de sua ligação com a classe trabalhadora, ou de sua consciência de classe; alguns até se diziam, com orgulho, "traidores" das fileiras de onde haviam saído. Teriam dificuldade de admitir que seu pertencimento religioso ou étnico estava presente, em boa medida, no combate que travavam.

Fiz parte dessa tropa num curto espaço de tempo. Tão curto que seria presunção minha dedicar-lhe mais que umas poucas linhas. Juntei-me ao movimento aos 18 anos e meio, e o abandonei aos 19 e meio. Muito rapidamente, compreendi que não tinha o temperamento de militante, nem de adepto. Saí, então, na ponta dos pés, sem barulho, sem prurido, sem hostilidade. Sem, de maneira alguma, romper com os amigos que ficaram, mas não guardando, de suas crenças, nada além do que já fazia parte de minhas antigas convicções: a fé em um mundo onde nenhum ser humano seja vítima de discriminação por causa de sua cor, de sua identidade sexual ou de sua origem social.

Talvez tais convicções – universalistas, ou, simplesmente, conciliatórias – tenham se firmado em meu íntimo pelo fato de pertencer a um pequeno país e a uma minúscula comunidade; aqueles que têm um perfil como o meu se desenvolvem em certos ambientes e se perdem em outros. Evitarei, no entanto, concluir que tal disposição de alma se agregue naturalmente às minorias. A reação mais espontânea, nesses casos, é afirmar sua especificidade e fechar-se nela em vez de procurar transcendê-la. Isso sempre foi verdadeiro, e é ainda mais neste século.

Falei de nostalgia e arrependimentos. Essas noções imprecisas merecem ser examinadas um pouco mais de perto. Teriam os países árabes e muçulmanos uma evolução mais feliz se os partidos comunistas tivessem tido um papel mais importante? Não creio, e estou mesmo convencido do contrário. Ao observar como esses movimentos agiram cada vez que alcançaram o poder, é razoável supor que teríamos assistido a desvios monstruosos – expurgos, massacres e um rosário de pequenos Stálin – em vez de milagres. Desse ponto de vista, não há nenhum arrependimento ou nostalgia a destacar.

O que se tem o direito de deplorar, por outro lado, é o sumiço do único espaço político que permitia a cada cidadão, quaisquer que fossem suas origens étnicas, religiosas ou de outra natureza, ter um papel ativo no coração da nação.

Eu teria me resignado facilmente se esse espaço libertador estabelecido pelo marxismo e situado à esquerda do tabuleiro político tivesse sido substituído por um espaço comparável situado à direita. Mas não foi isso que se passou. O espaço libertador simplesmente desapareceu. As minorias voltaram a fazer o papel de párias e de vítimas interditadas. O que constitui, a meu ver, uma perda irreparável e, mesmo, um retrocesso calamitoso, tanto para minha região natal quanto para o restante do mundo.

Por fazer parte dessas minorias, talvez eu passe a impressão de advogar em causa própria. Mas é outra coisa que me preocupa. Ao longo de toda a história humana, o destino das minorias foi um indício revelador de um problema mais vasto, que afeta todos os cidadãos de um país e todos os aspectos da vida social e política. A atitude dos nazistas em relação aos judeus, nos anos 1930 e 1940, revelou-se assassina e destrutiva para o conjunto da nação alemã e para além dele. Numa sociedade em que as minorias sofrem discriminação e perseguição, tudo se corrompe e se perverte. Os conceitos se esvaziam de seu sentido. E ainda assim falar de eleições, de debates, de liberdades ou de Estado de Direito se torna abusivo e enganador.

Quando não se pode mais exercer prerrogativas de cidadão sem se referir a seus pertencimentos étnicos ou religiosos, é porque a nação inteira se engajou no caminho da barbárie. Enquanto uma pessoa pertencente a uma minúscula comunidade pode ter um papel na escala do país como um todo, isso significa que a qualidade do ser humano e do cidadão vem primeiro que todo o resto. Quando isso se torna impossível, é porque a ideia da cidadania, e também a ideia de humanidade, estão em pane. A coisa é hoje verdadeira em toda a extensão do Levante, sem nenhuma exceção. E ela é cada vez mais verdadeira, em diversas esferas, nas outras partes do mundo.

Mesmo nos países de grande tradição democrática, fica difícil exercer o papel de cidadão sem se referir a suas origens étnicas, ao seu credo, ou às suas convicções pessoais.

O filósofo americano William James propôs, certa vez, num seminário para estudantes, algo bastante pertinente: uma vez que os tempos de guerra mobilizam as energias e extraem de todo ser humano tudo o que ele pode oferecer de melhor – o companheirismo, a solidariedade, o fervor, a doação de si –, não seria o caso de desejar, como alguns fazem, "uma boa guerra", para acabar logo com o abatimento e se deixar levar? Sua resposta era que precisamos inventar, na dinâmica das sociedades, um "equivalente moral da guerra". Isto é, combates pacíficos que apelassem para as mesmas virtudes, que mobilizassem a mesma energia, sem ter que passar pelas atrocidades que as guerras provocam. Fico tentado a fazer aqui uma observação similar: talvez precisemos, neste século, de um "equivalente moral" ao internacionalismo proletário, sem as monstruosidades que este carregou. Não seria interessante, realmente, ver emergir, face a todas as irrupções identitárias, um vasto movimento capaz de operar uma mobilização maciça de nossos contemporâneos em torno de valores universais, e para além de todas as fronteiras políticas, étnicas ou culturais?

Nesse aspecto, também, minha região natal poderia ter dado o exemplo e propagado a luz através do planeta, mas ela acabou, lamentavelmente, disseminando as trevas.

3

ESSE PEQUENO DESVIO pela história ambivalente do marxismo teve o objetivo principal de resgatar a memória da "normalidade" do mundo árabe, destacando que este foi, por muito tempo, tocado pelos mesmos sonhos e pelas mesmas ilusões que o restante do planeta cultivou.

Eu tinha que insistir nesse ponto, já que a ideia dominante em nossos dias é justamente a de uma "estranheza" visceral daquele mundo, visto como portador de "diferenças irredutíveis" desde a noite dos tempos. Chega-se ao ponto de considerá-lo, conscientemente ou não, como um universo à parte, habitado por uma humanidade de outro tipo.

Tal atitude é amplamente partilhada por todos aqueles, cada vez mais numerosos, que demonstram desconfiança ou hostilidade em relação ao mundo árabe-muçulmano e às populações dali oriundas; pelos islamistas mais militantes, cujas palavras e cujos atos visam a legitimar essa percepção; e também por um grande leque de pessoas de todas as origens e de todas as crenças, que se chocam com certas condutas e constatam as diferenças entre estas e seus próprios comportamentos; daí extraem, na maior boa-fé, as conclusões que lhes parecem mais evidentes.

Se tais atitudes me inquietam, é porque a crença em "diferenças irredutíveis" nos lança, sem que desejemos, numa via perigosa e perversa, que nos leva a abolir a noção de universalidade e mesmo a de humanidade. E é por desmentir essa crença que relembro incansavelmente o quanto o mundo árabe de minha infância compartilhava as normas de sua época. Ele tinha, essencialmente, as mesmas preocupações, os mesmos debates, os mesmos risos. E poderia perfeitamente ter evoluído de forma completamente diversa da que hoje se apresenta diante de nós.

Os que têm, como eu, o hábito de passear pela internet podem encontrar uma espantosa sequência filmada no Egito em meados dos anos 1960. Ela é falada em árabe, mas os internautas deram-se o trabalho de legendá-la em outras línguas, especialmente em francês e inglês. Nas imagens, vemos Nasser num anfiteatro, ou numa sala de congresso, explicando a um público numeroso suas queixas contra a Irmandade Muçulmana. O interesse do documentário está tanto no discurso do *rais* do Egito quanto nas reações do auditório.

No vídeo, o presidente conta que, após a queda da monarquia egípcia, a Irmandade havia tentado colocar a jovem revolução sob sua própria tutela, e que ele mesmo se encontrara com o guia supremo da organização na intenção de achar um terreno de entendimento. "Vocês sabem o que ele me pediu?", pergunta Nasser ao público. "Que eu imponha o véu ao Egito, e que toda mulher, ao sair à rua, cubra o rosto!"

Um grande acesso de riso agita a sala. Uma voz emerge da audiência para sugerir que o chefe da Irmandade utilize, ele mesmo, o véu. O público responde com gargalhadas ainda mais ruidosas. Nasser retoma: "Eu disse a ele: 'Você quer nos levar de volta aos tempos do califa al-Hakem, que ordenava às pessoas que só saíssem à rua à noite, e que se trancassem em casa durante o dia?'. Mas o guia da Irmandade insistiu: 'Você é o presidente, e deveria obrigar todas as mulheres a se cobrir'. Eu respondi: 'Você tem uma filha que estuda na faculdade de Medicina, e ela não usa véu. Se você não consegue fazer que uma só mulher, sua própria filha, use o véu, quer que eu desça às ruas para impor o véu a dez milhões de egípcias?'".

O *rais* diverte-se tanto com seu próprio relato que tem dificuldades de recomeçar o discurso. Ele bebe um gole de água. E quando, enfim, consegue cessar seu riso desatado, começa a enumerar as demandas formuladas, segundo ele, pelo dirigente islamista: as mulheres não deveriam mais trabalhar, os cinemas e teatros deveriam fechar etc. "Em outros termos, é preciso que a obscuridade reine sobre o mundo!", conclui. Novamente, risos...

Os árabes que veem essas imagens meio século depois não têm nenhuma vontade de rir. É mais provável que caiam em prantos. Porque um discurso desse, da parte de um de seus dirigentes, seria hoje impensável. Tratar com irreverência a questão do véu, quando tanta gente a considera trágica? Eu apostaria, aliás, que as mulheres que estiveram presentes naquela sala, se estão ainda neste mundo, e também as filhas e netas dos homens daquela plateia, hoje estejam, sensatamente, cobertas. Às vezes por vontade própria, às vezes porque a pressão social não lhes deixa qualquer escolha.

Preciso dizer que o dirigente que assim falava não era um político entre outros, não era o chefe de fileira de uma facção laica radical? Que era – de longe! – o dirigente mais popular do mundo árabe e do mundo muçulmano como um todo? Suas fotos estavam em todos os lugares, em Beirute e no Cairo, mas também em Argel, em Nouakchott, em Bagdá, e até mesmo em Carachi e em Kuala Lumpur. Dele, esperava-se que devolvesse a dignidade a seus compatriotas e a seus correligionários. Depois que ele se foi, ninguém mais conseguiu ocupar seu lugar nos corações.

Para escrever essas páginas, pedi à minha mãe detalhes mais precisos do passado, e ela me falou, novamente, do Egito de antes, da praia de Alexandria, dos passeios a cavalo e de "nossa" casa em Heliópolis. Em suas memórias, Nasser não é, evidentemente, o mocinho. Se eu o evoco, de minha parte, com certa nostalgia, é porque comparo sua época não com aquela que o precedeu, mas com a que se seguiu a ele – a nossa. E, então, o contraste é chocante. O *rais* do Egito podia ser um ditador militar, um nacionalista bem xenófobo e, para os meus parentes, um espoliador; mas não se pode negar que, em seu tempo, a nação árabe era respeitada. Tinha um projeto, e não estava ainda coberta de lamúrias e assaltada pelo ódio a si mesma.

*

Acabei de citar o exemplo do véu; cito agora um segundo exemplo, relacionado às duas grandes correntes do islá: os sunitas e os xiitas.

Suas relações se caracterizam atualmente por uma extrema violência. Violência sanguinária, que se traduz por massacres cegos, muitas vezes tendo, como alvos, mesquitas na hora da oração ou cortejos de peregrinos. E uma violência verbal extraordinária; basta fazer um *tour* pela internet para descobrir em que termos insultuosos e obscenos eles se referem uns aos outros. Uma violência que o mundo todo descreve como "secular". Ora, Nasser, que era ele próprio um sunita, como quase todos os muçulmanos do Egito, era casado com a filha de um comerciante iraniano estabelecido em Alexandria. Sua esposa, nascida Tahia Kazem, era de religião xiita, mas à época ninguém se preocupava com isso, nem os admiradores do grande líder nem seus detratores. A velha querela entre as duas principais correntes do islá parecia pertencer ao passado.

Os casamentos entre xiitas e sunitas haviam se tornado muito frequentes no Líbano de minha juventude. E se multiplicavam até mesmo entre muçulmanos e cristãos. Sem dúvida, continuavam a causar reservas em diversos meios. Porém, cada vez mais as famílias os aceitavam sem relutância, como uma evolução normal num mundo que se move.

Lembro-me ainda da senhora que pertencia à alta burguesia muçulmana e veio um dia me ver. Eu tinha apenas 25 anos, mas devia parecer, para ela, um velho sábio. Sua filha frequentava um de meus amigos, um universitário cristão, e os dois tinham o projeto de se casar. "Minha abordagem é incomum", ela falou, "mas eu gostaria apenas que você me dissesse, em segredo, se esse jovem lhe parece sério e se você acredita que fará minha filha feliz. Não é fácil para nós oferecer a mão de nossa filha única a alguém de outra religião, isso vai criar tensões, e eu queria ter certeza de que esse rapaz vale a pena, e que eu não irei lamentar, no futuro, ter dado esse passo."

Sua iniciativa me tocou profundamente. Hoje, a atitude da mulher me parece emblemática daquela civilização levantina que eu tanto amei.

Os exemplos que acabo de dar significam que o mundo árabe avançava tranquilamente rumo à modernidade, à laicidade e à paz civil, quando "os acidentes da História" vieram desviar sua rota para empurrá-lo em outra direção? As coisas não são tão simples. A civilização de meus pais vivenciou, durante muitos séculos, deficiências, incoerências, enfermidades que a impediram de responder aos desafios com os quais foi confrontada; poderíamos mesmo dizer, para voltar ao âmbito da metáfora evocada parágrafos anteriormente, que sempre esteve presente, no Dr. Jekyll, o risco de degenerar em Mr. Hyde.

Mas a coisa vale para todos os seres, de todas as nações, de todas as civilizações: em determinadas circunstâncias, a criatura monstruosa toma a frente, e o honorável doutor se oculta. Não se perguntou, no século passado, como pôde o país de Goethe, Beethoven e Lessing um dia se identificar com Goering, Himmler e Goebbels? Para nossa grande sorte, a Alemanha soube virar a página e retornar a seus verdadeiros heróis, a seus verdadeiros valores – e oferece hoje, à Europa e ao resto do mundo, o modelo de uma democracia adulta. Terei eu a ousadia de esperar que um dia os povos que deram origem a Averróis, Avicena, Ibn Arabi, Omar Khayyam e ao emir Abd el-Kader saberão, eles também, devolver à sua civilização os seus momentos de autêntica grandeza?

4

HÁ MUITOS ANOS contemplo o mundo árabe com angústia, esforçando-me por entender como pôde se deteriorar a este ponto. As opiniões a respeito são numerosas, e contraditórias. Umas recriminam sobretudo o radicalismo violento, o jihadismo cego e, mais frequentemente, as relações ambíguas, no islã, entre religião e política; outros acusam acima de tudo o colonialismo, a avidez e a insensibilidade do Ocidente, a supremacia dos Estados Unidos ou a ocupação dos territórios palestinos por Israel. Embora todos esses fatores, com certeza, tenham tido um papel, nenhum explica, isoladamente, o descaminho a que chegamos.

Há, entretanto, a meus olhos, um evento que se destaca de todo o resto, e que marca uma virada decisiva na história dessa região do mundo e para além dela. Um conflito militar que se deu num período incrivelmente curto, e cujas repercussões iriam revelar-se, apesar disso, duráveis: a guerra árabe-israelense de junho de 1967.

De que maneira eu poderia descrever seu impacto? A comparação que me vem de imediato ao espírito é com Pearl Harbor – mas somente pelo aspecto fulgurante do ataque aéreo japonês e pelo efeito-surpresa, não por suas consequências militares. Pois se a frota dos Estados Unidos sofreu, na manhã de 7 de dezembro de 1941, severas perdas em homens e em material, o país conservou o essencial de suas capacidades defensivas e ofensivas. Ao passo que, na manhã de 5 de junho de 1967, as frotas aéreas do Egito, da Síria e da Jordânia foram praticamente liquidadas; depois, suas forças terrestres tiveram que bater em retirada, cedendo às forças israelenses territórios importantes: a cidade velha de Jerusalém, a Cisjordânia, as colinas de Golan, a faixa de Gaza e a península do Sinai.

Desse ponto de vista, seria mais adequado comparar a derrota árabe ao desastre da França em junho de 1940. Seu exército, apesar de ainda coroado com o prestígio de ter vencido a Primeira Guerra Mundial vinte e dois anos antes, desmoronou extremamente rápido ante a ofensiva alemã. As estradas encheram-se de refugiados, Paris foi ocupada, depois, o país inteiro. O sentimento da nação de ter sido nocauteada, humilhada, violada, só se dissiparia por ocasião da Libertação, quatro anos mais tarde.

Aí está, justamente, a grande diferença entre 1967 e esses dois episódios da Segunda Guerra Mundial. Ao contrário dos americanos e dos franceses, os árabes ficaram atolados na derrota e jamais recuperaram a confiança em si mesmos.

No momento em que escrevo estas linhas, quase meio século já se passou, e as coisas não melhoraram. Pode-se dizer, mesmo, que elas não param de se agravar. Em vez de se curar e cicatrizar, as feridas infeccionaram, e é o mundo inteiro que sofre as consequências.

O grande perdedor dessa guerra foi Nasser. Até então, ele gozava de uma popularidade imensa no mundo árabe e no mundo muçulmano, a ponto de seus adversários, em particular os movimentos islâmicos, raramente ousarem se opor abertamente a ele. Além disso, Nasser era jovem. Havia tomado o poder com 34 anos; aos 38, estava já no auge de sua resplandescência internacional; em 1967, tinha apenas 49 anos e era visto como um líder solidamente instalado no comando, e por muito tempo ainda.

Eu tinha 18 anos quando a guerra estourou. Havia semanas, todos sabiam que ela era iminente, e especulava-se o tempo todo sobre seu resultado mais provável. Os entusiastas do mundo árabe estavam convencidos de que as forças egípcias, fortemente equipadas pelos soviéticos, fariam uma carnificina do exército israelense; a favor dessas previsões, citavam as declarações aflitas que vinham do Estado judeu, que se dizia sob risco iminente de extinção. Os mais realistas apostavam num conflito longo e doloroso, que os árabes acabariam sem dúvida vencendo, ainda que por vantagem numérica.

Ninguém, em todo caso, exceto um punhado de oficiais do estado-maior israelense, imaginava a sequência que iria de fato se estabelecer: um ataque aéreo maciço e fulgurante que, em algumas horas, destruiria, em solo, as forças aéreas egípcia, síria e jordaniana, tornando impossível uma contraofensiva árabe; e, no dia seguinte, uma decisão absurda do comando egípcio, que ordenou às tropas terrestres que se retirassem do Sinai, acelerando a derrocada.

Em menos de uma semana, os combates cessaram. Os israelenses e os ocidentais batizaram imediatamente o conflito de "Guerra dos Seis Dias" – um nome que os árabes sempre consideraram ofensivo, preferindo falar de "Guerra de Junho", ou de "Sessenta-e-sete", ou ainda de "Naksa", um termo usado pelo próprio Nasser, no dia seguinte à derrota, para minimizar a importância do que havia se passado na véspera: a palavra significa "revés", ou "derrota provisória", e é utilizada, em geral, para descrever um problema de saúde do qual o doente, espera-se, irá se recuperar no final.

O dito "doente" não se reestabeleceu. Os árabes jamais tiveram sua revanche nem puderam superar o trauma do fiasco; e Nasser não recuperaria, nunca mais, sua estatura internacional. Ele morreria três anos depois, aos 52 anos. Seus sucessores no comando do Egito – Sadat, Mubarak e os outros – não tiveram a mesma ambição, nem a mesma visão de mundo, nem a mesma aura, nem o afeto das massas. E os que pretenderam substituí-lo no seu papel de herói dos árabes, como Saddam Hussein ou Muammar Kadhafi, foram todos percebidos como mistificadores.

O que deveria se revelar bem mais significativo ainda é que o nacionalismo árabe, que havia sido, até então, a ideologia dominante naquela região do globo, acabava de perder, da noite para o dia, toda a sua credibilidade. No início, foi o marxismo-leninismo que se beneficiou – mas só em certos meios, e por um tempo bastante curto, pois o comunismo, por sua vez, iria em breve entrar numa zona de turbulências e perder também seu atrativo.

A seu tempo, o verdadeiro beneficiário da derrota do *rais* do Egito terá sido o islamismo político. Este ocupará o lugar do nacionalismo como ideologia dominante. Substituirá o nasserismo e seus avatares como porta-bandeira das aspirações patrióticas, e suplantará os movimentos de inspiração marxista como porta-vozes dos oprimidos.

*

Ao enxergar, nessa brevíssima guerra, a origem do desvio sofrido por minha região natal nas últimas décadas, estaria eu em vias de cair nesse erro tão comum, tão banal, tão humano, que consiste em dar uma importância excessiva aos eventos que testemunhamos? Para muitos conhecedores do mundo árabe, a descida aos infernos não começou com a derrota de 1967, mas com a de 1948, que sucedeu imediatamente ao nascimento do Estado de Israel; ou mesmo, a se crer em alguns, trinta anos antes, quando, no fim da Primeira Guerra Mundial, as potências vitoriosas renunciaram a criar o reino árabe que os britânicos haviam prometido ao xerife de Meca por intermédio do coronel Lawrence.

Cada uma dessas abordagens tem sua parcela de verdade. Com certeza, a frustração dos árabes remonta a muito, muito longe, a diversas gerações, e até mesmo a séculos. No entanto, se desejarmos contar a gênese do desespero suicida e assassino de hoje, a data importante é 1967. Até então, os árabes tinham sua ira, mas, também, sua esperança – em Nasser, principalmente. Foi depois dessa data que a esperança cessou.

Eu seria quase tentado a escrever, preto no branco: segunda-feira, 5 de junho de 1967, nasceu o desespero árabe.

O dia fatídico estava destinado a marcar, para o jovem estudante que eu era, o começo dos exames de fim de ano na Escola de Letras de Beirute, onde estava inscrito em Sociologia. Eu havia entrado na sala às oito horas da manhã, tendo já ouvido as notícias recentes: a rádio dizia que os esforços diplomáticos estavam se encaminhando para evitar um conflito armado. Na saída, pouco antes de meio-dia, um amigo próximo veio na minha direção balançando a primeira página de um diário cuja edição especial anunciava, na manchete em letras garrafais, que a guerra havia estourado. E que a aviação israelense fora aniquilada.

Sim, israelense. Todos os jornais diziam a mesma coisa, confiando nos comunicados militares que chegavam do Cairo e de Damasco. Àquela altura, as frotas aéreas árabes já haviam sido destruídas em solo, mas não se sabia ainda e se noticiava exatamente o inverso. As rádios árabes, que alto-falantes propagavam em alto e bom som, anunciavam que Israel havia "caído na armadilha" e citavam o número de aviões abatidos.

Mais tarde, os estudantes iriam chorar de vergonha e de raiva; mas, naquele momento, estavam todos calculando quantos aparelhos os israelenses possuíam ainda. "Ontem, eles tinham trezentos" – explicou alguém –, "duzentos e cinquenta e sete foram destruídos, só restaram uns quarenta, que logo terão o mesmo destino."

Em casa, repeti as mesmas "informações" a meu pai. Ele balançou a cabeça sem expressar nenhuma opinião, nenhum sentimento. Fiquei um pouco decepcionado. Como jornalista, ele se atualizava de hora em hora, com paixão, comentava frequentemente as notícias em suas crônicas, ou à mesa, e muitas vezes em conversas comigo. Eu não entendia por que mostrava tamanha placidez diante de um acontecimento tão importante.

Só no início da noite ele voltou a falar dos aviões. Sentou-se a meu lado. Tirou do bolso um maço de cigarros locais: um pacote em papelão branco, no verso do qual tinha o hábito de fazer anotações. E mostrou o maço dizendo, simplesmente: "Veja, aqui, os números verdadeiros!". Tomando grande cuidado para não me ferir, explicou que o resultado dos combates fora o inverso do que diziam as rádios árabes. Acrescentou que era preciso ser extremamente prudente nos próximos dias. "Quando as pessoas enfim souberem o que realmente aconteceu, vão ficar loucas de raiva e sair quebrando tudo."

De fato, os tumultos se espalharam, no dia seguinte, por Beirute, Trípoli e várias outras cidades da região. Os alvos da revolta eram, sobretudo, os que eram vistos como inimigos de Nasser e da nação árabe – as companhias inglesas, as missões americanas e também as comunidades judaicas, mesmo aquelas que jamais haviam sido atacadas, como ocorreu em Túnis.

Na sexta-feira, o *rais* do Egito fez um discurso solene e pungente nas rádios, no qual reconheceu sua derrota e anunciou que renunciaria. Logo, milhões de pessoas correram às ruas, no Egito, no Líbano e em outros países, pedindo que ele continuasse no comando. No dia seguinte, Nasser voltou atrás.

A maior parte dos historiadores considera que sua demissão era uma hábil manobra para que as massas renovassem a confiança em seu governo e ele pudesse recuperar a legitimidade. É provável que tenha sido assim. Não há dúvida de que as ditas massas tinham grande apreço por ele, e que sua continuidade à frente do país as confortou, em certa medida.

Até eu, que tinha mil razões para não amar o grande homem, estava devastado por sua renúncia como jamais tinha estado na vida. Ele nunca fora para mim uma figura paternal, mas naquele momento eu me sentia órfão. Tinha a impressão de estar no centro de um dilúvio e de ele ser o único galho ao qual eu poderia me agarrar. Imagino que é assim que os povos vivem suas horas de desalento.

Um incidente persiste em minha memória. Naquele ano, o primeiro de minha vida universitária, eu havia me inscrito em duas instituições diferentes. Uma era a Escola de Letras, para Sociologia; mas a prova que eu havia feito na manhã de 5 de junho não seria jamais corrigida, e os exames seriam remarcados. Outra era a Universidade de São José, para Ciências Econômicas; lá, os exames tinham sido realizados algumas semanas antes da guerra, e os resultados deveriam ser divulgados sexta-feira, dia 9 de junho.

O acaso fez com que aquele dia fosse o da renúncia de Nasser. Eu havia, portanto, escutado seu discurso, transmitido do Cairo pela "Voz dos Árabes", e ficado tão perturbado – pelo que ele disse, por sua partida, pela derrota, por tudo o que se passara – que nem pensava mais em meus exames. Só quando minha mãe perguntou se eu já tinha os resultados foi que resolvi ir vê-los.

Fui até a universidade. As listas estavam, de fato, exibidas em painéis, no interior do prédio. Ali aparecia o nome de cada estudante, seguido de sua nota. Aproximei-me. Observei. E fui embora.

Estava fora do prédio, a caminho de casa, quando experimentei uma sensação das mais estranhas: já não conseguia me lembrar se havia passado ou sido reprovado. Tive que refazer o caminho para olhar de novo.

Até hoje, jamais vivenciaria novamente tamanha confusão mental. Ter esquecido, ao fim de cinco minutos, se eu havia sido admitido ou reprovado para o segundo ano? Um fato tão importante e tão fácil de memorizar? Esse momento de extravio e de ausência continua em minha memória como um símbolo da ruptura do tempo que foi, para mim e para todos os árabes, o desastre de junho de 1967.

Sem dúvida, inconscientemente eu desejava me fundir à corrente de agonia que arrastava a cidade que foi o meu berço.

5

OS ÁRABES, PORTANTO, haviam perdido a guerra, Israel vencera. Contudo, com o recuo do tempo, pode-se perguntar se aquele conflito, tão breve, não foi, no fim das contas, um desastre para todos os envolvidos. Não da mesma maneira, claro, nem no mesmo momento, nem na mesma intensidade; mas, tanto para uns quanto para outros, algo essencial se rompeu. Algo que parece, hoje, irreparável.

Em se tratando dos perdedores, não se pode apenas esperar que eles superem, de um dia para o outro, tamanho assombro. Necessitariam de tempo para tomar consciência, dissecar, digerir. De fato, houve, após 1967 e durante alguns anos, uma expansão intelectual e cultural sem precedente, da qual Beirute era o centro e cujos participantes vinham de todo o mundo árabe. Eu a seguia, por minha vez, com assiduidade e ânimo. Nos jornais, nos círculos de discussões, na universidade e também no teatro. Recordo em especial do tumulto provocado por uma peça do dramaturgo sírio Saadallah Wannous, abordando a derrota recente com sarcasmo, e cujo título poderia ser traduzido como "Um bate-papo festivo sobre o 5 de junho". Eu estava na sala quando o poeta Omar Abu Risha, também sírio, declamou versos corrosivos contra os chefes de Estado árabes, que acabavam de se reunir no Marrocos para elaborar uma estratégia e não haviam chegado a acordo nenhum.

*Com medo de a vergonha se apagar, eles fizeram
uma cúpula em Rabat, para consolar a vergonha.*

Havia, então, em todo o mundo árabe, e especialmente na minha cidade natal, uma aspiração real a entender de que mal sofriam nossas sociedades e a procurar remédios. Conduzíamos, de certa maneira, uma introspecção coletiva. Mas esta não foi muito longe. Não longe o suficiente, em todo caso, para provocar um verdadeiro impulso. À época, ainda não ouvíamos com frequência que a solução estava na religião, e alimentávamos outras ilusões: que a saída estava "na boca do fuzil", e que se encontrava, obrigatoriamente, no marxismo-leninismo, ou numa versão *marxistizada* do nasserismo...

Todos esses pretensos remédios, inspirados em Mao, em Che ou nas revoltas estudantis, iriam levar a decepções, a tragédias, a descaminhos sucessivos. A impasses.

De modo que, meio século após 1967, os povos árabes continuam "adormecidos", vacilantes, incapazes de superar o trauma da derrota, que ainda pesa sobre seus peitos como uma lápide e segue embaçando seus espíritos. Renunciaram ao pan-arabismo, mas desprezam as fronteiras existentes e detestam seus dirigentes. Deixaram de esperar a próxima guerra com Israel, mas tampouco desejam a paz.

Mais grave, talvez: convenceram-se de que o resto do mundo estava conspirando contra eles, não os compreendia, não os escutava, não os respeitava, e que sua humilhação alegrava a todos. Tentar fazê-los mudar de atitude não valia a pena. Esse é, sem dúvida, o sintoma mais preocupante. Pois o que há de pior para o perdedor não é a derrota em si, mas o surgimento, a partir dela, da síndrome do eterno perdedor. Termina-se por detestar a humanidade inteira e por aniquilar-se a si mesmo.

É precisamente isso que acomete, hoje, a nação de meus ancestrais.

Por que motivo os árabes não conseguem superar a derrota? Sou testemunha de que muitos entre eles fazem essa pergunta constantemente, sempre com amargura, por vezes com autoironia, a fim de atenuar o sofrimento.

Para os interessados em História, essa interrogação suscita uma outra: o que fizeram os outros povos nos seus piores fracassos? Houve, forçosamente, ao longo dos séculos, todos os tipos de casos concretos. Mencionei acima o exemplo da França após a ruína de 1940, e o dos Estados Unidos depois de Pearl Harbor: ambos haviam sofrido graves danos, mas puderam reagir rápido o suficiente, antes do armistício. Pode-se evocar também a União Soviética, que, depois de ter sido invadida pelas divisões alemãs, conseguiu se recompor, retomar a ofensiva e levar seu poder de fogo até o coração do território inimigo.

Esse é, aliás, um cenário dos sonhos para todos os que sofrem um revés, e os árabes tentaram reproduzi-lo em outubro de 1973, com a ajuda de Moscou, ao atravessar de surpresa o canal de Suez, cruzando a linha Bar-Lev; mas seu sucesso durou pouco. Beneficiando-se de uma ponte aérea que permitia recompor seu estoque de armas e de munição, Israel pôde retomar a vantagem. Sadat, o sucessor de Nasser, tirou, daí, algumas lições. Aceitou renunciar à guerra e assinar um acordo de paz. Desde então, nenhum dirigente árabe conseguiu empreender uma ação militar de grande envergadura contra o Estado hebreu.

Felizmente, a revanche pelas armas não é a única maneira da qual dispõem os povos para superar seus contratempos e reconquistar sua dignidade.

Se nos debruçarmos, por exemplo, sobre o caso dos que perderam a Segunda Guerra Mundial, especialmente a Alemanha e o Japão, veremos que eles renunciaram, depois de 1945, a reconstruir seu formidável poderio militar. Esforçaram-se, mesmo, para dissociar o orgulho nacional da glória guerreira, preferindo apostar no desenvolvimento industrial e na busca de prosperidade. E conseguiram de fato conquistar, no campo econômico, sucessos prodigiosos, que os alçariam, no espaço de vinte anos, ao topo das nações do mundo, fazendo, às vezes, empalidecerem de inveja aqueles que os haviam derrotado.

Um outro exemplo valioso da maneira pela qual se pode enfrentar uma provação histórica maior é o da Coreia do Sul. O país vive, desde meados do século XX, uma situação eminentemente traumática: a metade norte da península é dominada por uma estranha dinastia comunista, que desenvolveu as armas mais devastadoras e que ameaça incessantemente utilizá-las contra os que se puserem em seu caminho, em especial a Coreia do Sul.

Ninguém poderia censurar esta última se vivesse, durante décadas seguidas, numa paranoia constante; se mantivesse um regime militar repressivo, em permanente estado de emergência; ou se concentrasse todos os seus recursos na preparação para uma grande batalha vindoura. Mas não foi isso que o país fez. Após um período de ditadura anticomunista, ele decididamente se engajou, a partir dos anos 1980, no caminho de uma democracia pluralista e liberal; deu prioridade absoluta à qualidade do ensino, e hoje tem uma das populações mais instruídas do planeta; e dedicou-se a desenvolver sua economia e a aumentar, ano a ano, o nível de vida de seus cidadãos.

Quando contemplo a Coreia de hoje, tenho dificuldade de acreditar que, no atlas da minha juventude, o país fazia parte do Terceiro Mundo, e que, nas listas, aparecia atrás – de longe – de dezenas de países que, ao longo da corrida, ultrapassou garbosamente. Em especial o México, a Argentina, a Espanha, a Turquia, a Síria ou, ainda, o Egito. A comparação com este último é particularmente instrutiva. Em 1966, a renda *per capita* era, em dólares da época, de US$ 130 na Coreia contra US$ 164 no Egito. Cinquenta anos mais tarde, os números são, *grosso modo*, de US$ 30.000 na Coreia do Sul contra US$ 2.500 no Egito. Os dois países não "boxeiam" mais na mesma categoria.

Esse pequeno território, essa metade de península, menos populosa que a Birmânia e menos extensa que a ilha de Cuba, é hoje uma das primeiras potências industriais do planeta. Nas tecnologias de ponta, consegue, frequentemente, superar americanos, europeus e japoneses; suas grandes marcas estão presentes em todos os cantos do mundo, em tablets, telefones, televisores ou robôs; seus estaleiros ocupam o segundo lugar mundial, depois da China; quanto à produção automobilística, só é superada pela China, os EUA, o Japão, a Alemanha e a Índia; e assim por diante. Só estão à frente da Coreia do Sul países mais vastos e mais populosos.

Sem dúvida, o norte da península continua separado do Sul, e governado pela mesma dinastia que continua a armar-se e a sustentar discursos ameaçadores. Os sul-coreanos a vigiam com apreensão, mas sem se abster de trabalhar, estudar, avançar. Às vezes, são obrigados a andar na corda bamba entre Washington e Pyongyang, entre Washington e Pequim, ou entre Tóquio e Pyongyang; outras vezes, têm que engolir sapos sem reclamar. Mas eles dizem, de si para si, que mais cedo, mais tarde, seus compatriotas do norte virão em sua direção, e que saberão acolhê-los e reintegrá-los, como os alemães do Ocidente fizeram com os alemães orientais.

A batalha será ainda longa, dolorosa e, por vezes, perigosa. Mas a Coreia do Sul se supriu de todos os meios para sair vencedora.

*

Há, portanto, diversas formas de reagir à derrota e à perda de territórios. Pode-se escolher a opção militar, que levou, tantas vezes na História, a resultados eficazes; mas pode-se, também, adotar outras vias para a vitória. O importante é refletir serenamente, pesar os prós e os contras, depois escolher a direção mais vantajosa e segui-la com determinação, deixando-se conduzir, ao longo da estrada, pela inteligência, e não pelos humores ou pela algazarra circundante. Sobretudo, levantando bons questionamentos. Não do tipo: "Temos o direito de recorrer à força?", cuja resposta será, via de regra, "sim".

Nem tampouco: "Nosso inimigo merece ser violentamente atacado?", que será igualmente respondido com um "sim". Melhor perguntar: "Temos interesse em conduzir esse combate no plano militar?", "As consequências de recorrer à força seriam, hoje, vantajosas para nós, ou o seriam para os inimigos?", o que exige uma avaliação serena dos meios de que se dispõe, da comparação entre as forças etc.

Isso deveria ser natural, automático, entre os que se ocupam de política, e, por razões ainda mais fortes, entre os que presidem os destinos de um povo. Infelizmente, não é assim que as decisões são tomadas no mundo árabe, mesmo nos momentos mais cruciais, e mesmo quando são tomadas por grandes dirigentes, os mais devotados, os mais íntegros.

Li profusamente tudo o que foi publicado sobre a guerra de 1967. Os trabalhos de historiadores e os relatos de testemunhas divergem entre si em muitos aspectos do conflito; mas todos, sejam árabes, israelenses, ocidentais ou russos, parecem concordar num ponto: Nasser não queria essa guerra. Sem dúvida ele previa que, mais cedo, mais tarde, haveria um conflito maior entre seu exército e o do Estado judeu. Mas não naquele momento, naquele contexto, nem daquela maneira. Muitos dos que estiveram próximo dele nas semanas que precederam o confronto trazem relatos indicando que ele hesitava, desconfiava, preferia não ir à guerra.

Como explicar então que, apesar disso, Nasser tenha se lançado na batalha? Meus leitores sugerem uma resposta desconcertante, que se juntava ao que, na época, era ventilado em certas discussões: o homem era vulnerável às provocações, apesar de sua enorme popularidade, ou talvez por causa dela. Como todos os tribunos, ele sentia os desejos das multidões que o aclamavam, e era difícil contrariá-las.

Há, na história romana, uma anedota edificante relatada por Plutarco em *Vidas paralelas*. Durante uma batalha, o célebre cônsul Caio Mário refugiara-se numa fortificação, e o comandante das tropas inimigas gritou para ele: "Se você é um grande general, desça e venha lutar!". Mário retrucou: "Se você é um grande general, obrigue-me a lutar quando eu não quero!".

Nasser teria se sentido compelido a seguir esse exemplo vindo do mundo antigo – não deixar aos outros a chance de escolher por ele o dia e o local da batalha. Nem aos generais inimigos, nem àqueles que, no campo árabe, dedicavam-se a insuflá-lo, às vezes por ardor nacionalista, às vezes com o objetivo de fazê-lo tropeçar.

O *rais* do Egito, realmente, tropeçou, levando todos os árabes junto na queda, e por muito tempo. Em um de seus últimos discursos, pronunciado alguns meses antes de sua morte, ele dizia, falando de Israel: "Assim como o inimigo não pode permitir-se perder uma só batalha, nós também não podemos. Ele luta de costas para o mar; nós lutamos de costas para o nada".

6

A DERROTA, POR VEZES, é uma oportunidade. Os árabes não souberam percebê-la. A vitória, por vezes, é uma armadilha. Os israelenses não souberam evitá-la.

Para os árabes – dirão alguns –, a coisa era visível a olho nu. Mas e para Israel? Uma armadilha? O país que se tornou, desde 1967, a primeira potência militar da região; que nenhum vizinho cogita invadir, enquanto ele transpõe suas fronteiras à vontade; que costurou, com a única superpotência global, uma aliança tão íntima que é difícil saber qual dos dois corteja o outro; que pôde construir, ao mesmo tempo, relações sólidas com as potências que outrora foram grandes aliadas dos árabes, como a Rússia, a Índia ou a China?

Eu poderia continuar por um longo tempo essa enumeração. É cristalino que, desde a surpreendente vitória sobre Nasser, Israel adquiriu um novo status regional e internacional, o que teve consequências para todo o mundo judaico; que, depois de milênios de humilhações e ao fim de um confronto que poderia ter-lhe sido fatal, conhece hoje um desenvolvimento sem precedentes, devido em grande parte ao sucesso do projeto sionista – sucesso que ninguém previa, nem os mais otimistas entre os fundadores.

Na conferência de Versalhes, em 1919, havia, entre os vários visitantes que se agitavam nos bastidores, dois personagens emblemáticos: um representando o movimento nacional árabe; o outro, o movimento nacional judaico. O primeiro era o príncipe Faisal, filho do xerife haxemita de Meca, futuro rei efêmero da Síria e futuro rei do Iraque, acompanhado de seu célebre conselheiro, Lawrence da Arábia; o segundo era Chaim Weizmann, dirigente sionista nascido no Império Russo, que migrara para a Inglaterra e se tornaria, trinta anos depois, o primeiro presidente do Estado de Israel.

Houve, entre os dois homens, um encontro flagrado por uma surpreendente foto, mostrando Faisal em seus trajes tradicionais, e Weizmann, a seu lado, usando um *keffieh*, o clássico turbante, em sinal de fraternidade. Foi também feito um acordo escrito, celebrando os laços históricos entre as duas nações. Continha, da parte do emir, um compromisso vinculado a uma condição: se os árabes obtivessem o vasto reino que lhes havia sido prometido durante a Grande Guerra, eles apoiariam o estabelecimento dos judeus na Palestina.

Nada disso se realizou, claro, e só os sonhadores incuráveis ainda sentem saudades desse encontro fracassado. Se o menciono aqui, é para recordar que os dois movimentos nacionais surgiram simultaneamente na cena global, e que seu primeiro reflexo foi o de encontrar um terreno de entendimento. Depois, seus caminhos se separaram, e seus destinos foram dramaticamente diferentes. O movimento nacional árabe, depois de alguns sucessos notáveis, foi devastado pelo fracasso militar e parece, desde então, incapaz de se reerguer; seus herdeiros têm perfeita consciência disso, o que explica sua amargura, sua confusão, sua raiva contra si próprios e contra o resto do universo.

Deveríamos deduzir que, ao inverso, o movimento nacional judaico – que conseguiu construir o Estado ao qual aspirava – se porta perfeitamente e que seus próprios herdeiros estão satisfeitos e confiantes? Os que seguem de perto a vida política e intelectual em Israel e na diáspora sabem que não. Instalou-se nos espíritos uma dúvida existencial que se revela profunda e tenaz. Sem ser da mesma natureza que o mal do qual sofre o mundo árabe, está, no entanto, em vias de se tornar, à sua maneira, extremamente dolorosa.

Melhor que passar em revista as inúmeras causas que os próprios interessados encontram para tamanha angústia, irei diretamente ao dilema que a cristaliza: a questão dos territórios ocupados. O que deveria ser feito da Cisjordânia?, perguntam os israelenses desde que a tomaram em junho de 1967. A resposta era, em geral, que seria preciso retirar-se um dia, em troca de um acordo de paz. Claro que existiram, sempre, questões associadas, sobre as quais jamais houve consenso: com quem concluir a paz, e quais seriam os termos? De que territórios se retirar, e em quais deles permanecer? Que status teria o território palestino? Apenas uma "entidade autônoma", com uma força policial para a manutenção da ordem, ou um verdadeiro Estado, plenamente independente, com um exército em boa e devida forma?

Essas questões eram já suficientemente espinhosas para tornar bem distantes as perspectivas de paz. E, realmente, apesar de algumas tentativas um pouco mais promissoras que outras, como o Acordo de Oslo em 1993, nada de muito positivo se produziu nas últimas quatro décadas. Aos olhos dos palestinos, todas as propostas israelenses pareceram, não sem razão, ditames impostos pelo ocupante; este, vendo-se efetivamente em posição de força e confiante em mantê-la, não tinha pressa de fazer concessões. Poderia aguardar cem anos, se necessário!

Se eu disse que a Guerra dos Seis Dias se revelou calamitosa também para o vencedor, foi justamente porque favoreceu a emergência e a propagação, em diversos setores da população israelense, desse estado de espírito que diz: Para que se precipitar? E por que fazer concessões? Quem pode garantir que aqueles que assinarão a paz com Israel a respeitarão, ou que seus sucessores não a trairão? E, de qualquer maneira, o que podem fazer os árabes? Seu poderio militar, que pensávamos ser tão temível, não foi aniquilado em menos de uma semana?

Uma "paz dos corajosos" só pode ser concluída entre adversários que se respeitam. A brevidade da Guerra de 1967 minou esse respeito e reduziu por muito tempo as chances de se chegar a um termo justo, livremente consentido e durável.

Os historiadores e sociólogos que estudaram a sociedade israelense nas últimas décadas observaram a que ponto a imagem do árabe e de sua cultura se degradou. Nada resume melhor essa atitude desdenhosa que o fato de um trabalho mal feito ser coloquialmente chamado, em Israel, de "trabalho de árabe". Outro sintoma revelador: cada vez menos judeus consideram útil aprender a língua árabe, mesmo aqueles cujos pais a falavam fluentemente; no sentido inverso, os jovens palestinos que estudam hebraico e se expressam com facilidade nessa língua são cada vez mais numerosos.

Eu não chegaria ao ponto de dizer que, antes de 1967, a imagem do árabe era positiva entre a população judaica. Nunca foi. Muitos dos que se estabeleceram na Palestina a partir do fim do século XIX nem olhavam para a população local e não se interessavam pelo que ela fazia, o que pensava ou o que sentia. Mas as coisas poderiam ter melhorado, em vez de se deteriorar. Os judeus saídos do Iraque, da Síria, do Líbano, de Marrocos ou do Iêmen poderiam ter mantido a tradição linguística de seu país de origem, como foi o caso com as tradições musicais ou culinárias. Mas eles não foram encorajados a fazê-lo. Nem por seus compatriotas israelenses de hoje, nem pelos compatriotas árabes de ontem. No conjunto, houve pouca osmose entre as populações árabes e judias nas últimas décadas.

A proverbial alquimia levantina, decididamente, não funciona mais. Mesmo os sublimes laços de outrora foram se apagando aos poucos. Tenho às vezes a impressão de ser a última pessoa a se lembrar ainda que foi na língua árabe que Maimônides escreveu o *Guia dos Perplexos*.

*

É difícil dizer com certeza se o colapso do intercâmbio cultural teve um papel significativo na redução das chances de paz. Por outro lado, não há dúvida de que a instalação de colônias judias na Cisjordânia constituiu uma reviravolta decisiva.

Nos primeiros tempos da ocupação, os sucessivos governos israelenses, predominantemente trabalhistas, não queriam aqueles assentamentos ditos "selvagens". Se um dia chegassem a um acordo de paz, diziam, e se fosse necessário retirar-se dos territórios, a presença de um grande número de habitantes judeus complicaria a situação, porque eles teriam que ser evacuados contra a vontade.

O raciocínio era correto, mas a barragem era frágil e não tardaria a se romper. Se tivermos que determinar uma data para esse acontecimento, seria o dia 20 de abril de 1975.

Os membros de um movimento messiânico haviam tomado posse de um terreno situado nos limites de três aldeias árabes, para ali fundar um "assentamento" judeu chamado Ofra. O Exército tinha como norma impedir tais iniciativas, se preciso, pelo uso da força. No entanto, naquele dia, houve uma hesitação, da qual os militantes souberam tirar proveito.

O poder ainda estava nas mãos dos trabalhistas, mas uma pequena guerra se travava entre duas personalidades rivais: o chefe do governo, Yitzhak Rabin, e o ministro da Defesa, Shimon Peres. O primeiro queria expulsar os colonos. O segundo pediu ao Exército para não intervir. Ofra pôde, então, manter-se; em seguida, uma outra colônia foi construída, depois dezenas, centenas.

Uma brecha se abrira, e ninguém mais cuidaria de cimentá-la.

Dois anos após o incidente, a esquerda perderia o poder que mantivera, sem interrupção, desde o nascimento do Estado de Israel. Menachem Begin, dirigente histórico da direita nacionalista, era eleito chefe do governo, e não tinha, no que lhe dizia respeito, nenhum desejo de se opor à colonização – que continuou, desde então, e nunca mais parou de se expandir, às vezes lentamente, às vezes de maneira acelerada, ao sabor das circunstâncias, mas sempre num movimento ascendente. Tanto que, enquanto escrevo estas linhas, mais de meio milhão de israelenses vivem em terras que haviam sido árabes até junho de 1967.

Qualquer que seja o juízo que se faça dessa evolução, que a maior parte dos israelenses consideram legítima mas que o resto do mundo desaprova em peso, não há dúvida de que se instalou uma nova realidade que muda radicalmente as perspectivas do futuro. O caminho da paz, que era já estreito, está, hoje, obstruído. Em teoria, Israel poderia tomar diversas vias para resolver a questão dos territórios ocupados. Mas, vistas de perto, nenhuma delas permite sair do impasse.

Uma primeira opção: deixar a Cisjordânia com os palestinos e repatriar os colonos. Mas isso teria sido viável quando eles ainda eram poucos. Hoje não é mais o caso: um governo israelense que ordenasse a evacuação de centenas de milhares de seus cidadãos judeus correria o risco de uma guerra civil.

Uma segunda opção, também teórica, seria anexar os territórios, dando cidadania aos habitantes árabes. Mas isso significaria, para Israel, renunciar ao seu caráter judaico, o que é impensável, e entrar em competição com a população palestina num terreno em que esta, com certeza, venceria: a demografia.

Uma terceira opção seria anexar os territórios sem dar aos árabes a cidadania, e incitando-os a partir para além das fronteiras, como foi o caso quando da criação do Estado de Israel, em 1948. Mas se as autoridades optassem por tal solução, seriam confrontadas com uma raivosa e virulenta reprovação até mesmo no seio do mundo judaico, e poriam água na fervura dos que as acusam de praticar uma forma de *apartheid*.

Resta a opção mais fácil de adotar, já que não exige qualquer iniciativa específica, nem arbitragem entre opiniões divergentes: o status quo. Manter os territórios sem modificar seu estatuto; prolongar indefinidamente a ocupação sem proclamar aos quatro ventos que ela é definitiva; balançar negligentemente a cabeça cada vez que um novo presidente americano propuser uma mediação e esperar, pacientemente, que ele desanime e que seu bonito plano de paz caia na lixeira de costume.

Essa rotina já se comprovou eficaz. A ocupação é, com certeza, muito criticada mundo afora, mas ninguém em Israel está em condição de propor uma alternativa. Por mais que se procure, não se enxerga mais de que maneira um governo, qualquer que sejam suas cores políticas, possa ainda resolver a equação e sair do impasse. É, na certa, o que explica que os dirigentes favoráveis a uma solução negociada e que por um longo tempo contaram com um real apoio popular estejam, hoje, marginalizados. Se chegassem ao poder, eles não saberiam o que fazer, e os eleitores sentem isso. Daí que o "campo da paz", que antigamente mobilizava multidões impressionantes, se reduziu progressivamente.

Guardarei para sempre na memória o que se passou em setembro de 1982, no dia seguinte aos massacres perpetrados nos bairros de Sabra e de Chatila, perto de Beirute. Milicianos libaneses, pertencentes a uma facção cristã, avançaram sobre civis palestinos com a cumplicidade ativa do exército israelense. Foram, segundo estimativas, mais de mil mortos.

O mundo inteiro indignou-se, tanto os ocidentais quanto os árabes, mas foi nas ruas de Tel-Aviv que ocorreu o protesto mais maciço e significativo. Falou-se de quatrocentos mil manifestantes, mais de um israelense em cada oito.

Mesmo aqueles que repudiavam o comportamento das autoridades e das tropas nada podiam fazer senão admirar a atitude da população judia. Protestar contra o erro cometido contra si próprio e os seus é legítimo e necessário, mas não denota, necessariamente, uma grande elevação moral; protestar com virulência contra o erro que os seus cometem contra os outros revela, por outro lado, uma grande nobreza e uma notável consciência moral. Não conheço muitos povos que agiriam assim.

Lamentavelmente, uma mobilização robusta por uma causa assim, hoje em dia, é inconcebível em Israel. O que representa, no plano ético, uma inegável perda de grandeza.

Não se trata, provavelmente, de um desastre extraordinário como o que flagela em nossos dias o mundo árabe. Mas assistimos, num caso como no outro, a um declínio moral e político particularmente aflitivo. E um tanto desesperador. Quando os herdeiros das maiores civilizações e os portadores dos sonhos mais universais se metamorfoseiam em tribos raivosas e vingativas, como não esperar o pior para a continuação da aventura humana?

7

FOI NOS LIVROS que, muitos anos mais tarde, fiquei sabendo o que se passara em 20 de abril de 1975 na Cisjordânia. Até então, eu sequer ouvira falar do assunto. Verdade que, à época, outras agruras, bem mais imediatas e traumáticas, me atormentavam. Uma tragédia que lançaria meu país natal numa guerra sem fim e abalaria minha vida e a de meus parentes acabara de se produzir: a abominável matança ocorreu diante de meus olhos – literalmente diante de meus olhos. Minha mulher também teve o triste privilégio de testemunhá-la a meu lado.

Era 13 de abril, um domingo. Eu chegara pela manhã, bem cedo, de uma longa viagem à Ásia. Por volta do meio-dia, um tumulto começou a agitar nossa rua. Gente que corria em todas as direções, gritos sobrepostos que sugeriam uma briga, tudo muito perto, atrás de nosso prédio. Para melhor saber o que se passava, fomos ao nosso quarto, que tinha um janelão de vidro dando para o "cruzamento do espelho" – assim batizado porque ali fora instalado um painel convexo que permitia ver os veículos que surgiam, às vezes a toda velocidade, dos pontos cegos. Um ônibus vermelho e branco estava no ponto de parada; em volta, alguns homens armados que, ao que tudo indicava, o haviam interceptado. Eles discutiam com um passageiro que obstruía a porta. Como estávamos a uns trinta metros dali, não podíamos escutar o que diziam, mas era fácil perceber o tom do diálogo e a tensão crescente. Súbito, um tiroteio intenso eclodiu. Recuamos alguns passos para nos proteger atrás de uma parede do quarto. Assim que os tiros cessaram, ao fim de algumas dezenas de segundos, aproximamo-nos de novo da janela. O cruzamento está repleto de corpos inertes, espalhados. Não vejo todas as vítimas, a maioria fora abatida sem poder sair do veículo. Em geral, os que contam a história da Guerra do Líbano registram vinte e sete mortos, quase todos palestinos. E concordam em dizer que "o incidente do ônibus" marcou o começo do conflito, mesmo que as premissas já estivessem presentes algum tempo antes.

Eu confirmo, por ter vivido e observado de perto os eventos do período: embora esse massacre representasse para mim um grande choque, e, em certos aspectos, um enigma, eu não o via com surpresa. Todos os atores do conflito já estavam a postos, alertas, as armas engatilhadas; não fosse essa faísca, teria sido outra.

Desde a Guerra de 1967, da qual não havia, contudo, participado, meu país natal entrara num longo período de turbulências, do qual não sairia mais. Por sua composição comunitária e pela fragilidade de suas instituições, o Líbano era o elo fraco do Oriente Médio, e pagaria caro por isso.

No dia seguinte à derrota árabe, o movimento armado palestino, que acabara de nascer e procurava uma base recuada para organizar seu combate, tentara se implantar nos dois territórios vizinhos de Israel: Líbano e Jordânia. Esta última representava, segundo diversos critérios, a solução ideal. Metade de sua população era palestina; dispunha de uma longa faixa de fronteira com o Estado judeu; encontrava-se na beirada da Cisjordânia, o que facilitava o contato com militantes do interior e suas incursões.

Mas o "pequeno rei" Hussein mostrava-se intratável e resistente. Ele queria, sim, dar aos movimentos palestinos certa margem de manobra, mas não a ponto de deixar que se tornassem um Estado dentro do Estado. Alternando, passo a passo, o rigor e as concessões, os embates e as tréguas, ele conseguiu, aos poucos, modificar a relação de forças a seu favor.

E no mês de setembro de 1970, que alguns apelidaram, mais tarde, em sinal de luto, de "setembro negro", lançou uma ofensiva militar de grande porte para retomar o controle do território. Os *fédayins*,[8] incapazes de fazer frente a um exército regular leal a seu rei e bem equipado, foram obrigados a bater em retirada. Seu líder, Yasser Arafat, que acabara de fazer sua aparição na cena internacional e cuja popularidade não parava de crescer, pediu ao presidente Nasser que interviesse pessoalmente para livrá-lo dos apuros. Uma cúpula extraordinária dos chefes de Estado árabes se organizou no Cairo. Intermináveis negociações noite adentro, promessas, ameaças, portas batidas com violência, foram seguidas de apertos de mão nada sinceros.

No último dia da extenuante conferência, o presidente egípcio foi tomado por uma crise cardíaca num dos traslados entre sua residência e o aeroporto, para acompanhar seus convidados.

Algumas horas mais cedo, ele conseguira arrancar de seus pares um acordo que punha fim aos combates e reconhecia aos palestinos, em termos vagos, o direito de prosseguir, por todos os meios, seu combate contra Israel.

Mas era só para que não saíssem mal do impasse. No terreno prático, o rei havia conquistado uma vitória incontestável. Seu país não iria servir, nunca mais, como base recuada para a resistência armada.

*

Os objetivos dos *fédayins* em relação ao Líbano teriam um destino bem diferente.

---

[8] Termo árabe usado para designar militantes e mártires de diversos povos em determinados contextos históricos; aplica-se, contemporaneamente, aos indivíduos que militam nas guerrilhas palestinas contra a ocupação israelense. [N.T.]

No início, eles pensavam que o país lhes serviria apenas como base de apoio, podendo contribuir para a visibilidade midiática de suas ações, mas não para as ações em si. O Líbano não tinha fronteira com a Cisjordânia, e os refugiados palestinos constituíam apenas uma pequena parcela da população.

Além disso, sua complexidade era notória. Como abrir um caminho entre tantos credos, facções, clãs e propriedades? Mas Arafat e seus companheiros não tardariam a compreender que essa complexidade, longe de ser um obstáculo a suas ambições, oferecia-lhes, ao contrário, oportunidades ilimitadas caso eles se mostrassem capazes de manobrá-la com inteligência.

Nos debates sobre as insondáveis sutilezas da vida política libanesa, é comum ignorar o fato de a comunidade cristã maronita – à qual deve pertencer, obrigatoriamente, cada presidente da República – dispor, desde a independência, de um outro posto-chave, o de comandante-em-chefe do exército. O general Chehab, já mencionado nestas páginas, assumira a presidência ao final de uma crise aguda.

Nas décadas mais recentes, as duas funções ficaram tão estreitamente associadas que se criou o hábito de apenas generais se elegerem à magistratura suprema.

Essa curiosa prática será, certamente, passageira. Mas não deixa de chamar a atenção que a instituição militar tenha sido por muito tempo percebida, certo ou errado, como um bastião para os maronitas. E que tal percepção tenha cumprido um papel determinante durante o período crucial em que os movimentos palestinos se esforçavam para fixar-se no Líbano. Muitos muçulmanos sentiam uma forte desconfiança em relação ao exército nacional, criticando-o por não ter participado da guerra junto às outras forças árabes. "Será que eles queriam que nosso território fosse, também, invadido e ocupado?", zombava um político da época. Mas é fato que, no clima de amargura e raiva que se seguiu à derrota, a ausência do Líbano na batalha contra Israel era vista, em certos meios, se não como deserção ou traição, ao menos como uma atitude de indiferença pela causa árabe.

Por isso, quando os *fédayins* armados surgiram nas ruas de Beirute e em algumas outras regiões do país, proclamando sua intenção de bater-se contra o inimigo, uma parte da população se identificou com eles e os ajudou. As autoridades libanesas tiveram que se resignar. Não por aprovarem a chegada desses combatentes, nem por subestimarem o perigo que sua presença representava para o país, mas por se sentirem incapazes de impedi-la.

Num sistema fundado em comunidades, o poder político é paralisado quando não há consenso. E não havia um em torno dos *fédayins*. Nem mesmo no seio do exército. Sem dúvida, os maronitas eram um pouco mais representados que os outros no estado-maior. Mas a instituição era, *grosso modo*, uma imagem da sociedade, atravessada pelas mesmas linhas de fraturas identitárias e ideológicas, que ameaçava voar em pedaços caso se lançasse a uma batalha controversa.

Foi por causa dessa fragilidade paralisante que o governo libanês se apressou em firmar, desde as primeiras escaramuças com os *fédayins*, aquilo que o monarca haxemita recusaria até o fim: um tratado regular e fidedigno autorizando os movimentos armados palestinos a operar em seu território. Ratificado às cegas por um parlamento a cujos membros as causas secretas não foram reveladas, o acordo assinado no Cairo em novembro de 1969 ficará nos anais como exemplo do que um Estado deve evitar assinar se quiser conservar sua soberania e sua paz civil. O tratado estipulava que os campos de refugiados palestinos passariam, a partir de então, à autoridade da Organização para a Libertação da Palestina (OLP) e que esta seria, daí em diante, livre para conduzir sua ação armada contra Israel a partir do território libanês.

Em essência, é perfeitamente válido, para um governo, aderir a um combate que ele julgue justo e oferecer sua assistência aos que o travam. Mas quando um pequeno país fraco e frágil, que nada tem de uma Prússia ou uma Esparta, é atirado numa batalha da qual não tem sequer poder de decidir autonomamente se deseja ou não participar – e somente porque outros países ou outras entidades políticas preferem que seja ele a sofrer os piores golpes –, não há mais nada de legítimo ou de aceitável.

Foi precisamente o que aconteceu a meu país natal. Foi violentamente empurrado na cratera de um vulcão. E não teve nem mesmo o consolo de ser percebido como uma vítima inocente, pois a cada etapa de seu calvário houve facções locais, da esquerda e da direita, entre cristãos ou muçulmanos, para servir de escada aos predadores.

Foi esse o preço que tivemos que pagar, meus compatriotas e eu, por não termos sido capazes de construir uma nação.

O acordo do Cairo já estava vigorando quando as organizações palestinas foram expulsas da Jordânia. Elas puderam, então, socorrer-se de imediato em Beirute, que se tornaria, por doze anos, sua capital, ao mesmo tempo que capital do Estado libanês. Era lá que residiam seus responsáveis, a começar por Arafat. Para lá se deslocavam as delegações estrangeiras com quem tinham contato. Ali se reuniam seus órgãos dirigentes. E dali saíam seus comunicados militares e suas declarações políticas.

A cidade se tornara uma passagem obrigatória para a imprensa internacional e para os serviços de informações de todo o mundo. Ela pululava de agentes duplos, falsos diplomatas, ativistas e aventureiros, que se infiltravam nas organizações palestinas, as espionavam, paralisavam-nas ou giravam em sua órbita. Quantas vezes ouvi, desde então, que esta ou aquela facção militar do Ocidente ou do Oriente lançou sementes no Líbano daqueles anos! Não era ainda o tempo dos atentados suicidas de inspiração islâmica, mas já era o período dos sequestros espetaculares de aviões, das guerrilhas violentas de extrema-esquerda, como o Exército Vermelho Japonês, o Bando Baader-Meinhof ou a organização fantasmagórica que se fazia chamar "Setembro Negro".

Seria um eufemismo dizer que, ao abrir-se assim aos quatro ventos e a todas as tempestades, meu país natal atraiu para si alguns problemas. Da parte dos israelenses, uma longa sequência de represálias violentas que culminaram com a invasão em massa do território até Beirute; e da parte dos árabes, intrusões incessantes que teriam por efeito desmembrar o país e sangrá-lo, antes de colocá-lo, por três décadas, sob a tutela de Damasco. Houve também, sabe-se, as intermináveis guerras civis, das quais tomaram parte inúmeros protagonistas e que foram, em todas as etapas, demolidoras e mortíferas. As vítimas se contaram às centenas de milhares, a economia foi praticamente dizimada e a modernização da sociedade, comprometida por um longo tempo.

Acabo de esboçar um quadro algo apocalíptico do Líbano daqueles anos. Cabe dar a ele as devidas nuances, porque não havia somente os cortejos de milicianos, os campos de treinamento e as redes de espionagem. Ao encalço dos *fédayins* vieram, também, pesquisadores, escritores, editores, cineastas, dramaturgos, cantores – em geral palestinos, mas também sírios, iraquianos, sudaneses ou magrebinos – que contribuíram para a disseminação das ideias que surgiram após o desastre de 1967.

Em razão da presença destes, e das tensões mentais e afetivas que geravam, o papel de Beirute como capital intelectual e artística do mundo árabe iria conhecer, então, um espantoso florescimento.

8

QUIS O ACASO que eu começasse minha atividade de jornalista nos primeiros meses de 1971, momento exato em que a OLP se instalava na minha cidade natal – o que a projetaria, por muitos anos, em todas as telas da atualidade. Eu tinha 22 anos, trabalhava num dos principais diários do país, o *An-Nahar*, e me encontrava, por isso, num posto de observação incomparável.

Nos corredores do jornal desfilavam, sem parar, personagens com os quais eu jamais teria a oportunidade de cruzar se vivesse em outras paragens, ou numa época diferente. Ao embarcar no elevador do prédio, ocorria de topar com o embaixador da Alemanha, o da Argélia ou o da União Soviética; depois, um bispo greco-ortodoxo, um dirigente independentista eritreiano ou um antigo coronel do exército libanês, que acabara de receber clemência e ser solto depois de condenado à morte por tentativa de golpe de Estado. Ao entrar na pequena sala que dividia com outros três redatores, eu avistava, sempre em confabulações com meus colegas, o correspondente do *The Guardian* ou do *Le Monde*, o enviado especial do *Der Spiegel* ou da *Newsweek*, que vinham atrás de novidades ou queriam verificar os rumores que acabavam de chegar aos seus ouvidos.

Entre os visitantes regulares da redação estavam Kamal Nasser, porta-voz oficial da OLP. Nascido na Cisjordânia, numa família cristã de rito protestante, ele mesmo jornalista e poeta, ex-deputado do Parlamento jordaniano, fora encarregado por Arafat de reforçar a imagem da organização na imprensa internacional, e cumpria com eficiência sua tarefa. Em pouco tempo, havia conseguido dar ao movimento palestino uma imagem reconhecível, humana, agradável, e uma voz límpida que em nada se parecia às dos propagandistas puros e duros. Ele sabia evitar os clichês, preferindo ecoar seus anos de estudante na Universidade Americana de Beirute; ou recitar um poema de sua própria autoria sobre os bistrôs de Paris. Cheguei a ouvi-lo exaltar entusiasticamente o espírito cavalheiresco do rei Hussein, mesmo que este fosse, na época, inimigo jurado dos palestinos. "Ele nos matou, mas não consigo detestá-lo", dizia, com um gesto de impotência. Os correspondentes estrangeiros gostavam dele, já que se expressava em inglês com bastante fluência. Tinha, aliás, ensinado a língua, no início da carreira, numa escola de Jerusalém dirigida por missionários.

Eu o escutava sempre com muito interesse e um real prazer, mesmo quando ele se atinha estritamente a seu papel de porta-voz oficial. Mas não tomava notas, nem tentava reproduzir seu discurso. No jornal, eu não me ocupava de assuntos palestinos, nem libaneses, nem de nada que se relacionasse ao mundo árabe. Para essas pautas, o *An-Nahar* contava com uma equipe numerosa e competente. Cada país importante tinha seus especialistas habituais, que seguiam de perto seus acontecimentos, que o visitavam regularmente, que conheciam seus dirigentes, seus opositores e todas as fontes confiáveis.

De minha parte, o assunto ao qual eu me dedicava era ao mesmo tempo colossal e marginal. Colossal porque cobria, em princípio, o planeta inteiro, com exceção do mundo árabe; marginal, na medida em que os leitores se interessavam primeiro pelo noticiário local – que podia afetar sua vida e a de seus próximos. Mas um jornal cioso de seu prestígio devia, naturalmente, falar da Guerra do Vietnã, do combate ao *apartheid* na África do Sul, da Revolução dos Cravos em

Portugal, do golpe de Estado no Chile ou do levante militar contra o imperador da Etiópia. Por isso, os editores incentivavam minha paixão por essas terras distantes e me incitavam, às vezes, a ir conhecê-las mais de perto. Mesmo assim, o vasto mundo não ocupava, em número de páginas, em geral, mais que um espaço modesto.

Eu não estava, portanto, habilitado a cobrir os eventos que se passavam em meu próprio entorno. Mas me acomodava, sem sofrer, ao papel de observador silencioso. Em raras ocasiões, contudo, a pressão dos fatos locais sobre a redação do jornal era tão forte que todos os braços eram requisitados, inclusive os meus.

Foi uma urgência dessa ordem que se ofereceu na noite de 9 para 10 de abril de 1973. Eu voltava de uma festa na casa de amigos quando soube, pelo rádio, que incidentes graves acabavam de eclodir. As notícias eram confusas e fragmentadas. Seriam ataques de israelenses em certos bairros da cidade, mas não se sabia ainda quais eram os alvos. Corri para o jornal, onde reinava a confusão das grandes crises. Deviam ser três horas da manhã quando chegaram informações um pouco mais precisas. Um grande destacamento de comandos israelenses teria chegado por via marítima, depois se dividido em vários grupos, que atacaram diferentes alvos em ao menos três bairros da cidade, antes de se retirar, novamente pelo mar.

Alguns minutos mais tarde, descobria-se, por um boletim da rádio nacional, que fora desferido um ataque na parte oeste da capital, próximo da Rua Verdun, contra um conjunto de prédios onde residiam alguns dirigentes palestinos. Dois deles teriam sido mortos, e um terceiro, Kamal Nasser, sequestrado.

O fotógrafo-estrela do *An-Nahar*, Sam Mazmanian, que também trabalhava para as duas principais agências americanas – Associated Press (AP) e United Press (UP) – decidiu seguir imediatamente para o local. Pediram que eu o acompanhasse.

Embaixo dos prédios recém-atacados, uma multidão se juntara – *fédayins* armados, vizinhos de pijama, curiosos. Um homem me disse para tomar cuidado, porque havia, no solo, detonadores que não tinham explodido. Um outro me emprestou uma lanterna de bolso, pois a eletricidade fora cortada e as escadas estavam às escuras. Um outro, ainda, me indicou o piso em que vivia o porta-voz da OLP, o terceiro andar.

A porta do apartamento estava aberta, com destroços por todos os lados. Entrei com cuidado e logo fui alcançado por Sam, que havia parado durante a subida dos degraus para tirar fotos de alguns ângulos. O local parecia vazio. Mas, de repente, sob uma grande mesa, a forma de um corpo se delineou. Os que haviam chegado antes de nós com certeza não o haviam notado. Aproximei o foco de luz da lanterna. Era ele. Kamal Nasser. Deitado, os braços cruzados. Sob seu lábio inferior, o impacto de uma bala. Estava escuro demais para que eu pudesse ver se ele havia recebido outros tiros.

Eu estava perdido numa contemplação emocionada e pensativa quando meu parceiro pôs a mão sobre meu ombro. Queria que eu me afastasse para que pudesse fazer seu trabalho.

De volta ao jornal, apressei-me em corrigir as informações que haviam circulado até aquele momento. "Ele não foi levado, ele foi morto. Encontrei seu corpo sob a mesa, no escuro. Sam tem as imagens, as fotos estão sendo reveladas neste instante."

Descobriríamos, alguns anos depois, que a operação de abril de 1973 fora conduzida por Ehud Barak, futuro primeiro-ministro de Israel, disfarçado de mulher, com uma peruca marrom. O objetivo do estratagema era simular uma cena de amor dentro de um carro, para que os guardas em seus postos se aproximassem da janela e fossem liquidados silenciosamente antes que a tropa penetrasse nas escadarias.

Dois meses antes, uma romancista americana de 37 anos alugara um apartamento no mesmo conjunto de prédios. Ela preparava uma obra inspirada na vida de *lady* Hester Stanhope, uma aventureira inglesa bastante conhecida no Levante, onde residira por muitos anos na primeira metade do século XIX. A escritora reunira uma rica documentação, que empilhou sobre a mesa de trabalho, próximo à sua janela; de lá, ela podia avistar a alguns metros, bem de frente, a mesa na qual Kamal Nasser se instalava para escrever. Somente quarenta anos depois ela revelaria sua verdadeira história – mas ocultando seu nome real – num livro intitulado *Yaël, uma combatente do Mossad em Beirute*. Ali, ela narraria, para tornar sua cobertura mais verossímil, que seus superiores a haviam enviado para um estágio de alguns dias na casa de um verdadeiro historiador, Shabtai Teveth, autor de uma biografia de Moshe Dayan e de vários livros sobre David Ben Gurion – não para que ele lhe ensinasse a escrever, algo de que ela não se sentia capaz, mas para ensiná-la a fingir: vigiar os dirigentes palestinos pela janela para assegurar-se de que estariam em casa quando o comando israelense viesse assassiná-los.

Naquela noite, 9 de abril, um oficial do Mossad, de passagem por Beirute disfarçado de turista, convidou "Yaël" para tomar um drinque às dezenove horas no bar de um grande hotel.

"Seus vizinhos estão lá?", ele perguntou.

"Sim, todos os três."

Se ela tivesse respondido de outra forma, o homem ligaria para seus contatos para informar que o ataque fora adiado.

*

Em razão da notoriedade das vítimas palestinas e do aspecto rocambolesco da operação israelense, o Líbano sofreu um abalo de rara intensidade até então. Uma grave crise governamental logo se instalou. O primeiro-ministro, Saeb Salam, exigiu a exoneração do comandante-em-chefe do Exército e apresentou sua própria demissão quando sua demanda foi rejeitada pelo presidente da República, Soleimane Frangieh.

Havia aí, sem dúvida, um jogo político eminentemente libanês, uma vez que Salam era um muçulmano sunita e Frangieh, um cristão maronita, assim como o general objeto do litígio. Mas havia também um real dilema, que se sobrepunha a essas diferenças e inquietava todos aqueles que se interessavam pelo destino do país.

É evidente que um exército nacional, do qual se espera que defenda o território da pátria, não fez um belo papel ao ver um comando inimigo desembarcar à noite, atacar alvos em três ou quatro bairros diferentes e se retirar sem ser interceptado. O país inteiro se sentia humilhado e culpava seus militares. Não poderiam ter, ao menos, dado algumas salvas de tiros, em nome da honra?

Sem dúvida. No entanto, havia outro aspecto do problema que não podia ser ignorado: ao autorizar os palestinos a lançar operações militares do território que ele deveria proteger, o acordo do Cairo já retirara, do exército libanês, parte de suas prerrogativas. Será possível, legitimamente, debitar à instituição militar a responsabilidade pelas represálias a partir do momento em que foi proibida de impedir os ataques que as provocaram? Aí estão duas missões complementares, inseparáveis, das quais todos os exércitos do mundo são investidos; quando eles são dispensados de uma delas, é difícil pedir que cumpram a outra.

Para além desse debate em torno da instituição militar, seus deveres e suas prerrogativas, estava claro, agora, que o Estado libanês não tinha mais a possibilidade de sair do impasse em que se encontrava. E que fazia de si, ao mesmo tempo, o campo de batalha e a vítima colateral dos confrontos sangrentos entre israelenses e palestinos.

Em várias comunidades do país, milícias começaram a se formar, arsenais a se constituir, e novos dirigentes surgiam, com um discurso até então desconhecido: já que o Exército não é, como mostrou, capaz de cumprir sua missão, "os cidadãos" farão isso com as próprias mãos. Mas os ditos "cidadãos" não partilhavam, todos, da mesma visão das coisas. Para uns, a missão do Exército era se opor aos israelenses, a qualquer custo. Para outros, era se opor aos palestinos.

Os primeiros estavam sobretudo nas comunidades muçulmanas e nos partidos de esquerda, o que lhes valeu, por um tempo, a denominação absurda de "islamo-progressistas"; eles proclamavam sua vontade de proteger a resistência palestina contra todos que tentassem sufocá-la ou obstruí-la, e a OLP, por sua vez, oferecia armas, dinheiro e um quadro militar.

Os segundos tinham, como ponta de lança, partidos implantados nas comunidades cristãs; eles viam, na presença do exército palestino, uma ameaça para o país, e esperavam pôr-lhe um termo. Os militantes treinavam de maneira intensiva o manejo de armas, mesmo sabendo que suas forças não seriam suficientes e que precisariam de um aliado poderoso.

Que aliado seria esse? Alguns pensavam em Israel. Uma solução que, naquele tempo, tinha poucos partidários. Mais tarde, ela seria explorada, por um período breve, sob a égide de Bashir Gemayel, encerrando-se numa dupla tragédia: o assassinato do presidente eleito, seguido do massacre de Sabra e Chatila.

De imediato, uma outra opção prevaleceria, não sem trazer consigo, também, seu lote de tragédias. Defendida pelo presidente Frangieh, não angariou muito entusiasmo nos outros dirigentes maronitas, mas a maior parte deles a viam, então, como um mal menor: no lugar de se comprometer com Israel e ser banido pelo mundo árabe, não seria melhor deixar os *fédayins* serem "domados" por um "país irmão" – no caso, a Síria?

Ninguém ignorava que Arafat e o presidente Hafez al-Assad nutriam entre si um ódio franco, que não se devia somente a um conflito de personalidades, mas a uma diferença estratégica maior.

A preocupação constante do chefe da OLP, ao longo de seu combate, era que "a decisão" dos palestinos estivesse em suas próprias mãos, e que nenhum dirigente árabe, qualquer que fosse, pudesse falar em seu nome. Assad defendia, ao contrário, que a causa palestina era de todo o mundo árabe, "do oceano ao Golfo". Uma afirmação de princípio que vinha em apoio de um objetivo estratégico primordial para o presidente sírio: o de poder negociar com as grandes potências tendo em mãos a "carta" palestina – que representava, nesse conflito, uma vantagem considerável.

Para dela se apropriar, Damasco havia construído toda uma rede de organizações pró-sírias que, no coração da OLP e mesmo do Fatah – o movimento fundado por Arafat – difundia as teses de Assad. Se este pudesse pôr o Líbano sob sua tutela, e se pudesse conquistar o papel de árbitro nesse país, patrocinando ao mesmo tempo os palestinos e os libaneses, protegendo uns dos outros, conquistaria, assim posição de força em qualquer negociação em torno do Oriente Médio.

Quando certos dirigentes libaneses foram perguntar a Damasco se seria possível ajudá-los a sair da areia movediça em que afundavam, suas propostas foram como música para os ouvidos de Assad. A ocasião era perfeita, ele não perderia a oportunidade de agarrá-la. As tropas sírias, então, penetraram com força no país, e quando Arafat e seus aliados "islamo-progressistas" tentaram lhes fazer frente, foram severamente derrotados.

Na região cristã onde eu vivia, muita gente aplaudiu o exército sírio que os havia "libertado" das milícias palestinas. Outros se perguntaram "quem, diabos!", poderia, um dia, "libertá-los", por sua vez, do exército sírio.

*

No dia de junho de 1976 em que deixei o Líbano em guerra a bordo de uma balsa, todos os sonhos do meu Levante natal já estavam mortos, ou moribundos. O paraíso de minha mãe se havia consumido em chamas, e o de meu pai nada mais era que uma sombra de si mesmo. Os árabes haviam caído nas armadilhas de suas derrotas, e os israelenses, na armadilha de seus triunfos – tanto uns quanto os outros incapazes de se salvar.

Eu não podia, evidentemente, adivinhar a que ponto as tragédias de minha região natal iriam se revelar contagiosas, nem com que violência seu retrocesso moral e político se propagaria pelo planeta. Mas não estava de todo surpreso pelo que se passara. Tendo nascido à beira da "grande falha", não precisava de grandes lampejos de lucidez para sentir que nos aproximávamos rapidamente do abismo. Bastava manter os olhos abertos e os ouvidos atentos aos estrondos.

III

O ano da grande reviravolta

Assim como o futuro amadurece no passado,
O passado apodrece no futuro –
Um lúgubre festival de folhas mortas.

Anna Akhmátova (1889-1966),
Poema sem herói

1

O DRAMA QUE ATUALMENTE os árabes chamam, simplesmente, "Sessenta e sete" foi, portanto, um marco decisivo no caminho para o sofrimento e a perdição. Mas não explica tudo. As coisas poderiam ter se resolvido, e uma nova rota ter sido escolhida, alguns anos mais tarde, rumo a uma rápida recuperação. Se o descaminho persistiu e até se acentuou, foi devido a um outro fenômeno histórico, mais amplo, muito mais espaçado no tempo e que não é, propriamente, "um acontecimento" entre outros.

A denominação que me vem espontaneamente ao espírito é, mais, a de uma "síndrome" – no sentido mais original e mais antigo do termo: o de um lugar em que várias pistas convergem, juntas, numa mesma direção. De fato, o que tentarei descrever nas páginas a seguir é uma profusão de episódios que emanam de diversos continentes e de múltiplas esferas mas que possuem um vetor comum – e originaram, de certa maneira, a marcha dos homens no caminho que hoje trilham.

Quando nos esforçamos para entender por que determinada situação evoluiu desta ou daquela maneira, somos tentados, muitas vezes, a voltar a um passado remoto – o que se torna muitas vezes maçante, pois cada elemento da situação tem sua própria história, que pode se estender por séculos. Se não queremos nos perder na densa floresta da cronologia, dos personagens, das paixões e dos mitos, devemos, às vezes, abrir um horizonte a golpes de facão.

Foi assim que agi quando mergulhei na história das últimas décadas. Eu deveria dizer "mergulhei novamente", já que, desde a infância, nunca parei de seguir bem de perto o noticiário, com um entusiasmo que se explica certamente pelo fato de ter crescido à sombra de um pai jornalista.

Essa paixão nunca foi negada. Hoje, ainda dedico muitas horas do meu dia a escutar e ler notícias que chegam de todos os cantos do mundo. E mesmo quando a marcha dos acontecimentos me inquieta ou aflige, não fujo ao espetáculo nem desvio os olhos. Tenho a constante impressão de assistir à mais incrível das novelas, com uma infinidade de capítulos palpitantes e viradas dignas dos melhores roteiristas.

Na maior parte, os acontecimentos dos quais estou prestes a falar chegaram-me ao conhecimento no instante mesmo em que se produziam; às vezes, fui pessoalmente aos locais – Saigon, Teerã, Nova Déli, Adem, Praga, Nova York ou Addis-Abeba – para presenciá-los. Mas, passados os anos, quando já sabemos as consequências, é comum vermos as coisas de outra forma.

O que me aparece claramente ao revisitar o noticiário de ontem é que houve, nas proximidades do ano de 1979, eventos determinantes, cuja importância eu não soube captar no momento. Eles provocaram, em todo o mundo, como que uma "reviravolta" persistente das ideias e das atitudes. Sua proximidade no tempo não era, com certeza, resultado de uma ação planejada; mas não era, tampouco, fruto do acaso. Falarei sobretudo de uma "conjunção", como se uma nova "estação" tivesse chegado ao auge e fizesse desabrochar suas flores em mil lugares no mesmo instante; ou como se o "espírito do tempo" estivesse indicando o fim de um ciclo e o começo de outro.

Essa noção, que a filosofia alemã forjou sob o nome de *Zeitgeist*, é menos fantasmagórica do que aparenta; ela é, sim, fundamental para se compreender o trajeto da História. Todos aqueles que vivem numa mesma época se influenciam uns aos outros, de diversas maneiras e sem ter consciência disso. Essas pessoas se copiam, se imitam, macaqueiam-se, conformam-se com as atitudes que prevalecem, mesmo quando, eventualmente, pertencem ao universo da contestação. E isso em todos os campos: na pintura, na literatura, na filosofia, na política, na medicina, e também no modo de se vestir, no jeito de andar, nos cabelos.

Os meios pelos quais o dito "espírito" se difunde e se impõe são difíceis de identificar; mas é inegável que ele opera, em todas as épocas, com uma eficácia implacável. E nessa era de comunicações maciças e instantâneas, as influências se propagam muito mais rápido que no passado.

Geralmente, o "espírito do tempo" age sem que nos demos conta. Mas, vez por outra, seu efeito é tão nítido que assistimos à sua intervenção quase em tempo real. Foi, em todo caso, a impressão que tive ao me dedicar, mais uma vez, à história recente para tentar extrair dela alguns ensinamentos.

Como pude deixar de ver uma conjunção tão forte entre os acontecimentos? Deveria ter chegado muito antes à conclusão que, hoje, me salta aos olhos; a saber, que acabáramos de entrar numa era eminentemente paradoxal, na qual nossa visão de mundo seria transformada e até mesmo invertida. Desde então, *foi o conservadorismo que passou a se proclamar revolucionário, enquanto os defensores do "progressismo" e da esquerda nada mais tinham a fazer que preservar suas conquistas.*

Nas minhas notas pessoais, comecei empregando a expressão "o ano da inversão", ou, às vezes, "o ano da grande reviravolta", e a recolher fatos de peso que pareciam justificar tais denominações. Eles são numerosos, e eu citarei alguns ao longo das próximas páginas. Mas há dois que, acima de todos, me parecem os mais emblemáticos: a revolução islâmica proclamada pelo aiatolá Khomeini em fevereiro de 1979 e a revolução conservadora que se instalou no Reino Unido, pelas mãos da primeira-ministra Margaret Thatcher, em maio do mesmo ano.

Um oceano de diferenças se espraia entre os dois eventos, como entre os dois conservadorismos. E também, claro, entre os dois personagens-chave; para encontrar, na história da Inglaterra, um equivalente ao que se passou no Irã com Khomeini, seria preciso remontar à época de Cromwell, quando os revolucionários regicidas eram igualmente puritanos e messianistas. Há, contudo, entre os dois movimentos, certa semelhança que não se reduz à proximidade das datas. Num caso como no outro, levantou-se a bandeira da revolução em nome de forças sociais e de doutrinas que haviam estado, até então, mais no papel de vítimas, ou ao menos de alvos, das revoluções modernas: num caso, os guardiães da ordem moral e religiosa; do outro, os arautos da ordem econômica e social.

Cada uma dessas duas revoluções teria repercussões planetárias maiores. As ideias da senhora Thatcher rapidamente alcançariam os Estados Unidos, com a chegada de Ronald Reagan à presidência; enquanto que a cisão khomeinista – de um islã ao mesmo tempo insurrecional e tradicionalista, decididamente hostil ao Ocidente – iria se propagar através do mundo, tomando formas muito diversas e desestabilizando as abordagens mais conciliatórias.

Terei a oportunidade de voltar às diferenças e às semelhanças. Mas gostaria, antes, de abrir um breve parêntese para me prevenir de qualquer visão simplista que essa perspectiva possa suscitar.

Realmente, se procuramos entender como a atmosfera política e mental foi "subvertida", no mundo inteiro, ao longo das últimas décadas, é preciso evitar julgar taxativamente a revolução conservadora no Ocidente como uma simples "usurpação" da noção de revolução – já que ela foi, por certos aspectos e por suas consequências, autenticamente revolucionária. Em particular, revelou-se determinante para os avanços tecnológicos em curso, que representam uma mudança considerável na história humana. Foi igualmente vital na decolagem econômica da China, da Índia e de vários outros países, o que constitui, também, um avanço planetário de primeira grandeza.

No caso da revolução khomeinista, é normal que seu aspecto totalmente tradicionalista – por exemplo, em matéria de vestimenta – seja o primeiro a saltar aos olhos; mas não deve nos fazer perder de vista o radicalismo corrosivo que se propagou no mundo muçulmano a partir do exemplo iraniano e balançou todos os poderes vigentes.

A noção de revolução, tomada de empréstimo pela política ao movimento dos corpos celestes, designou, desde o século XVI, eventos numerosos e diversos. Por isso, mais do que se interrogar longamente sobre a legitimidade de seu uso em relação ao que ocorreu no Irã ou em Londres em 1979, melhor seria tentar compreender as razões das mudanças que o mundo experimentou por volta daquele ano. E que levaram, assim, à transformação do sentido e do conteúdo dessa palavra.

Feitas tais ressalvas, fecho o parêntese e volto às duas revoluções conservadoras que destaquei.

O advento da sra. Thatcher teria menor importância se não se inscrevesse numa guinada profunda e ampla que iria transpor rapidamente as fronteiras da Inglaterra. Primeiro, rumo aos Estados Unidos – portanto, com a eleição de Reagan em novembro de 1980; depois, pelo restante do mundo. Os preceitos da revolução conservadora anglo-americana seriam adotados por diversos dirigentes tanto de direita quanto de esquerda, às vezes com entusiasmo, outras com resignação. Diminuir a intervenção do governo na vida econômica, limitar as despesas sociais, dar maior importância aos empresários e reduzir a influência dos sindicatos serão, a partir de então, consideradas como as normas de uma boa gestão da coisa pública.

Um dos livros seminais dessa revolução é o romance intitulado *Atlas Shrugged* (lançado no Brasil com o título *A revolta de Atlas*). A obra, de Ayn Rand, imigrante russa radicada nos Estados Unidos, narra uma greve organizada não por operários, mas por empresários e "espíritos criativos" que barbarizam as regulamentações abusivas.

Seu título evoca a figura mitológica de Atlas, que, farto de carregar a Terra nas costas, decide balançar vigorosamente os ombros – é esse movimento de exasperação e de revolta que exprime, aqui, o verbo *to shrug*, cujo pretérito se exprime por *shrugged*.

Essa tese-ficção, publicada em 1957 – e da qual muitos conservadores americanos, partidários de um "libertarismo" nitidamente antiestatista, fizeram sua bíblia –, foi alcançada pela realidade. A revolta do patronato contra as intrusões do Estado distribuidor de riquezas não se deu como a romancista descrevera, mas aconteceu – e foi coroada de sucesso, o que teve por efeito acentuar fortemente as desigualdades sociais, ao ponto de criar uma pequena casta de superbilionários, cada um deles mais rico que nações inteiras.

A outra "revolução conservadora", a do Irã, teria, ela também, repercussões significativas na comunidade planetária.

Esta não era, de maneira alguma, uma rebelião dos ricos contra os pobres – muito pelo contrário, foi feita em nome dos miseráveis, dos "amaldiçoados da terra". E, nisso, se inscrevia no prolongamento de outras revoluções do século XX. O que a fazia atípica era o fato de ser conduzida por um clérigo socialmente conservador, exasperado por reformas que, de seu ponto de vista, batiam de frente com a religião e os valores tradicionais.

2

A ESSAS DUAS revoluções, que eclodiram com três meses de intervalo entre si – e que sintetizam, por um atalho surpreendente, a desordem atípica que caracteriza nossa época –, acrescentarei dois outros acontecimentos não menos significativos que completam o esboço.

Em dezembro de 1978, Deng Xiaoping tomava as rédeas do poder em Pequim, numa sessão plenária do Partido Comunista, inaugurando sua própria "revolução conservadora". Ele nunca a chamou assim, e ela era, com certeza, bem diferente do que se passava em Teerã e Londres; mas provinha do mesmo "espírito do tempo". Era de inspiração conservadora por apoiar-se sobre as tradições mercantes ancoradas, desde sempre, à população chinesa, e que a revolução de Mao Tsé-Tung tentara extirpar. Mas era igualmente revolucionária, pois, em uma única geração, iria transformar de forma radical o modo de existência do povo mais numeroso do planeta: poucas revoluções, na História, mudaram profundamente a vida de tantos homens e mulheres num período tão curto.

O outro episódio marcante passou-se em Roma, em outubro de 1978, com a chegada de João Paulo II ao posto mais alto da Igreja católica.

Nascido na Polônia, Karol Wojtyla aliava um conservadorismo social e doutrinário a uma combatividade de dirigente revolucionário. "Não tenham medo!", bradou aos fiéis reunidos na praça São Pedro no dia de sua entronização oficial. "Abram as fronteiras dos Estados, dos sistemas políticos e econômicos, os imensos domínios da cultura, da civilização e do desenvolvimento."

Sua influência se revelaria capital.

Essas quatro mudanças radicais maiores, que se sucederam em apenas sete meses – de outubro de 1978 a maio de 1979 –, em ambientes culturais e sociais bastante distantes entre si, teriam algo em comum afora a simples "coincidência" cronológica? Seria concebível que a Cúria romana e o comitê central do Partido Comunista Chinês, os eleitores britânicos e os manifestantes iranianos tivessem reagido a um mesmo impulso?

Com o devido distanciamento temporal, vejo principalmente dois fatores que pesaram na atmosfera daqueles anos, afetando, em diferentes níveis, todos os países do mundo, com papel crucial na gênese dos quatro episódios que evoquei. Um é a crise terminal do regime soviético; outro, a crise do petróleo.

No que se refere a este último fator, voltarei mais detalhadamente em outros capítulos; gostaria apenas de dizer aqui que tal crise obrigou todas as nações do planeta a se questionarem sobre a gestão de suas economias, suas leis sociais e suas relações com os países exportadores de petróleo; e que para estes, que pertenciam, em sua maioria, ao mundo árabe-muçulmano, a dita "crise", que deveria ter garantido sua felicidade, revelou-se devastadora e, por fim, calamitosa.

Em se tratando do primeiro fator, parece-me, hoje, que o número de acontecimentos daquela época era constituído de reações mais ou menos conscientes, mais ou menos refletidas, em torno do comportamento do "homem doente" que se tornara o regime soviético. Um estranhíssimo "doente", que ainda transbordava vigor e que enxergava, em seus adversários, seres agonizantes.

*

Quando voltamos nossa atenção para os anos 1970, não podemos nos impedir de achar patético o espetáculo daquela superpotência lançando-se, desenfreadamente, numa estratégia de conquistas em todos os continentes, enquanto sua própria casa – sobre a qual flutuavam os estandartes rachados do socialismo, do progressismo, do ateísmo militante e do igualitarismo – estava já irremediavelmente fragilizada e a ponto de desabar.

Para os que se fiam na aparência das coisas, a União Soviética parecia saltar de triunfo em triunfo. No Vietnã, onde o mundo comunista e o mundo capitalista haviam se enfrentado sem trégua a partir do fim da Segunda Guerra Mundial, o conflito chegara a seu termo em 1975. A parte sul do país, que constituíra, até então, uma república à parte sustentada pelos Estados Unidos, foi conquistada pelas forças vindas do norte, com o apoio do movimento comunista local, que se autodenominava Frente Nacional para a Libertação do Vietnã, e que os americanos chamavam de vietcongues.

Jovem jornalista, fascinado, como tantos outros, por esse conflito tão emblemático para minha geração, viajei a Saigon com o objetivo de assistir à batalha decisiva. Eu sabia que o epílogo se aproximava, mas não imaginava que as coisas iriam evoluir tão rápido. Em 26 de março, dia de minha chegada, as tropas comunistas haviam acabado de tomar Hue, a antiga capital imperial; uma semana mais tarde, estavam já nas proximidades de Saigon, sete quilômetros mais ao sul. E estava claro que sua progressão iria persistir até o final.

Não encontrei na capital do Sul nenhuma vontade de resistência, e sim uma resignação e um salve-se-quem-puder. Todos os que temiam o rigor do regime que chegava buscavam desesperadamente um meio de sair do país. De um dia para o outro, a moeda local, a piastra, deixou de ser cotada: nenhum comerciante a aceitava. Das repartições públicas eram arrancadas apressadamente as fotos do último presidente sul-vietnamita, o general Thieu – que se preparava, ele próprio, para fugir e terminaria seus dias sossegadamente em Massachusetts, esquecido de todos.

Saigon caiu em 30 de abril. Os que testemunharam essa época guardam na memória as cenas patéticas em que civis e militares, refugiados na embaixada americana, tentavam agarrar-se aos últimos helicópteros para fugir. Imagens ainda mais humilhantes para os salvadores do que para os que escapavam. A "República do Vietnã", que muitos presidentes americanos haviam defendido militantemente, foi anexada à República Socialista do Vietnã, e sua capital, rebatizada Cidade de Ho Chi Minh, nome do dirigente que desafiara com sucesso a França e, depois, os EUA.

Duas semanas antes, Phnom Penh, capital do Camboja, fora tomada por insurgentes comunistas; depois foi a vez do Laos. A famosa teoria dos dominós, segundo a qual um país que cai leva outro junto na queda, e assim por diante, parecia funcionar. E a União Soviética era sua principal beneficiária.

O fenômeno não se limitava, aliás, à Indochina. Na África, por exemplo, onde as antigas potências coloniais europeias ocupavam tradicionalmente um lugar preponderante, as relações de forças começaram a mudar rapidamente. Quando Portugal, após a "Revolução dos Cravos" em abril de 1974, decidiu conceder independência a suas colônias, os cinco novos Estados africanos que nasceram foram todos dirigidos por partidos marxistas; o mais rico entre eles, Angola, chegou mesmo a chamar Fidel Castro para apoiar uma insurreição, e as tropas cubanas, sustentadas por Moscou, desembarcaram às dezenas de milhares nas costas africanas a partir de novembro de 1975, sem que os Estados Unidos pudessem se opor.

Assim, nos meses que se seguiram à sua vitória altamente simbólica no conflito vietnamita, os soviéticos haviam realizado avanços extraordinários sobre um continente que, até então, era tido como domínio exclusivo do Ocidente. Os países da África subsaariana que se declaravam marxistas eram, agora, cada vez mais numerosos – além de Angola, Moçambique, Guiné-Bissau e São Tomé e Príncipe, havia Madagascar, o Congo Brazzaville (República do Congo), a Guiné Conacri (Guiné). Houve mesmo um breve momento em que, no Chifre da África (conhecido como Sudeste africano ou Península Somali), os dois principais países – Etiópia e Somália – eram governados por militares que se diziam marxista-leninistas; enquanto, na outra margem do mar da Arábia, o Iêmen do Sul, Estado independente cuja capital era Aden, proclamava-se "república democrática popular" sob a égide de um partido de tipo comunista, dotado de um *politburo,* o comitê executivo dos partidos comunistas.

Foi nessa atmosfera de expansão desenfreada e de franca euforia que os dirigentes soviéticos abraçaram uma aventura que se mostrou desastrosa e mesmo fatal para seu regime: a conquista do Afeganistão.

Esse país montanhoso, situado entre o Irã, o Paquistão, a China e as repúblicas soviéticas da Ásia Central, contava com movimentos comunistas, ativos e ambiciosos, mas muito minoritários no seio de uma população muçulmana socialmente conservadora – e furiosamente hostil a qualquer ingerência estrangeira. Deixados à própria sorte, esses militantes não tinham qualquer chance de segurar por muito tempo as rédeas do poder. Só um empenho ativo de seus poderosos vizinhos soviéticos poderia modificar as proporções a seu favor. Ainda seria preciso que os ditos vizinhos estivessem convencidos da necessidade de uma tal intervenção.

Foi exatamente o que ocorreu a partir de abril de 1978. Irritados com a aproximação que se ensaiava entre Cabul e o Ocidente; ciosos em preservar a segurança de suas fronteiras e a estabilidade de suas repúblicas asiáticas; e persuadidos de que poderiam avançar seus peões impunemente, os dirigentes soviéticos deram aval a um golpe de Estado organizado por uma das facções marxistas do país. Depois, quando as rebeliões contra o novo regime começaram a se multiplicar, enviaram suas tropas, em grande número, para reprimi-las, afundando a cada dia um pouco mais no atoleiro.

Situações como essa aconteceram frequentemente ao longo da História. Mas cada um imagina que consigo próprio as coisas se passarão de outra forma. Assim, os dirigentes soviéticos estavam convencidos de que a operação de "pacificação" por eles conduzida seria de curta duração e resultaria numa vitória perene.

Essa grave imprudência estratégica só se explica pela análise que faziam do estado de espírito que predominava na casa de seus adversários naquele instante. Achavam, na verdade, que os Estados Unidos, profundamente traumatizados por sua longa e desastrosa campanha no Vietnã, não nutriam qualquer desejo de se lançar a novas aventuras externas; pensavam que, caso as tropas soviéticas marchassem sobre o Afeganistão, os americanos não tentariam opor resistência. Sua impassibilidade diante do envio de tropas cubanas a Angola não demonstrara uma real inapetência para confrontos armados?

Ao passear os olhos pelo mundo que os envolvia, os dirigentes de Moscou podiam supor que nada tinham a temer. Nem dos Estados Unidos, como foi dito; nem da Europa Ocidental, que penava ainda para superar as consequências da crise do petróleo; nem da China, onde Mao Tsé-Tung havia morrido em 1976, abrindo caminho ao que parecia destinado a ser uma longa guerra de sucessão.

Por esses motivos, os soviéticos não estavam errados em supor que ninguém iria se meter na sua rota e que poderiam avançar, sem grande risco, rumo a Cabul.

3

MOSCOU, NO ENTANTO, subestimara a capacidade de seus adversários de se recompor e mesmo de passar ao contra-ataque em diversos campos e teatros da operação.

Foi, em especial, o caso da Grã-Bretanha. Às vésperas das eleições gerais de 1979, que levariam ao poder aquela que seria conhecida pela alcunha de "Dama de ferro", o país se encontrava num estado deplorável. As greves, as rebeliões, os cortes de energia, uma atmosfera social perniciosa –, e o sentimento entre os trabalhistas, como entre muitos conservadores moderados, de que tais eram os efeitos normais da crise petrolífera. Não teriam outra escolha a não ser acomodar-se e esperar dias melhores. A imagem representativa dessa época é a do Piccadilly Circus mergulhado na escuridão devido a uma paralisação nas minas de carvão. Um historiador britânico, Andy Beckett, descreveu esses anos sombrios numa obra intitulada *When The Lights Went Out* (*Quando as luzes se apagaram*).

Ao debutar na cena nacional, a sra. Thatcher trazia consigo um outro estado de espírito e um outro discurso. O declínio não era inevitável, dizia ela a seus concidadãos: nós podemos e devemos voltar ao topo; precisamos estabelecer uma estratégia e segui-la, sem desviar nem vacilar, mesmo que atropelemos sem piedade aqueles que se puserem no caminho – a começar pelos sindicatos. No ano de sua chegada ao poder, mais de trinta milhões de jornadas de trabalho haviam sido perdidas por causa dos conflitos sociais.

O país teria que escolher entre afundar ou reemergir. Como havia feito em outros momentos de sua história, escolheu ouvir a voz obstinada que prometia conduzi-lo, de cabeça erguida, para fora do impasse, ainda que ao preço de dolorosos sacrifícios.

Desse sobressalto nasceu a revolução conservadora. Um de seus efeitos foi o de pôr fim à vergonha que a direita experimentava, até então, quando o debate político e intelectual versava sobre questões sociais. Trata-se de uma dimensão difícil de apreender e, certamente, impossível de quantificar, mas essencial para traduzir a transformação que se operou nas mentalidades mundo afora.

Quando um pensamento é dominante, os que não partilham dele devem, muitas vezes, usar de astúcia, contemporizar ou mesmo fingir aceitar alguns de seus princípios, para que suas objeções possam ser ouvidas. Em muitos países europeus, essa "proeminência" intelectual era, desde muito tempo, ocupada pelas ideias e pelo vocabulário da esquerda. O exemplo que me vem naturalmente à mente é o de meu país de adoção, a França – onde vivo há quarenta anos e onde tive a oportunidade de observar e escutar seus políticos, intelectuais e universitários.

Até os anos 1980, poucos dirigentes admitiam abertamente serem de direita; os que não eram de esquerda preferiam se dizer centristas, e quando tinham que criticar os comunistas, sentiam-se obrigados a ressaltar, em preâmbulos, que não eram de forma alguma anticomunistas – um epíteto considerado infame, naquele tempo, e que ninguém tinha vontade de assumir.

Hoje, é exatamente o inverso: os que são de direita o proclamam com orgulho, e os que desejam exprimir uma opinião positiva sobre este ou aquele aspecto do comunismo sentem-se obrigados a destacar, em preâmbulos, que não são de forma alguma favoráveis a essa doutrina. Eu mesmo me vali dessa precaução verbal algumas páginas acima...

De volta à Inglaterra, poderíamos dizer que, antes da revolução thatcherista, nenhum dirigente político de direita ou de esquerda queria aparecer como fura-greves, como inimigo dos sindicatos, como um ser insensível às agruras dos mineiros e de outros trabalhadores com renda modesta; nem queria se tornar responsável pela morte de um detento em greve de fome, como foi o caso do irlandês Bobby Sands, em 1981. A contribuição da Dama de Ferro, moralmente controversa mas historicamente incontestável, foi a de ter cometido, sem piscar, todos os "pecados" que o senso comum recomendava aos políticos evitar, sem que o céu caísse em sua cabeça pela ousadia.

Sua ofensiva contra a "vergonha" da direita era, evidentemente, só uma etapa. Antes que o conservadorismo radical se tornasse o "pensamento dominante" da nossa época, foi necessário que ele triunfasse nos Estados Unidos – o que seria realizado com brio nos dezoito meses que se seguiram ao advento da sra. Thatcher. Politicamente, por Ronald Reagan; e, por debaixo do pano, pelos *think tanks* conservadores, que elaboraram habilmente as palavras e as ideias que permitiriam ao candidato republicano se impor.

Essa batalha de ideias não estava ganha de início pela direita americana. Não era evidente que o eleitorado popular aceitasse apoiar reformas que favoreceriam sobretudo os mais ricos. O argumento martelado por Reagan era de que o abismo não se situava entre os que ganham muito dinheiro e os que ganham menos, mas entre os que trabalham para viver e os que se aproveitavam do sistema. A imagem forte que vinha de seus discursos era a da *welfare queen*, personagem fictícia que deveria representar uma mulher vivendo no conforto, quase no luxo, graças aos subsídios públicos, sem, jamais, ter que trabalhar. A descrição era tão realista que os ouvintes tinham a sensação de se tratar de um personagem real; e, a se crer em Paul

Krugman, prêmio Nobel de economia, a retórica de Reagan continha uma mensagem implícita e subliminar endereçada a seus numerosos eleitores brancos – especialmente os dos estados do Sul, para os quais a *welfare queen* era, forçosamente, uma mulher negra.

Seja esse aspecto racial das coisas real ou fantasioso, não resta dúvida de que uma desconfiança tenaz se estabeleceu, desde então, na opinião pública americana, contra todos aqueles percebidos como representantes de um sistema julgado imoral, no qual se toma dinheiro dos que trabalham para doá-lo aos que não trabalham. Daí o crescimento da desigualdade, que não parou de se acentuar desde o fim dos anos 1970 – e teria suscitado, em outras épocas, uma hostilidade militante direcionada aos privilegiados e uma adesão crescente às ideias de esquerda. Traduziu-se, em vez disso, na América das últimas décadas, no fortalecimento e na radicalização da opinião conservadora.

Não se pode negar que as atitudes se modificam no futuro; mas, no momento em que escrevo estas linhas, Ronald Reagan e Margaret Thatcher aparecem ainda, aos olhos da maior parte de seus concidadãos, como os heróis de uma reação salutar. E os preceitos que eles encarnaram continuam a predominar nos quatro cantos do planeta.

*

A escalada das ideias provenientes da revolução conservadora anglo-americana em detrimento das da esquerda faria o modelo soviético soar cada vez menos atrativo nos anos seguintes, impondo um freio à sua expansão planetária. De imediato, contudo, foram outros os desencantos que arranharam o elã dos dirigentes de Moscou e contribuíram para o enfraquecimento de seu regime.

Houve muitos, em diversas partes do mundo e em diversos campos – político, militar, midiático, ideológico, econômico, tecnológico etc. Evocarei em seguida apenas alguns que me parecem mais significativos.

O primeiro desencanto teve como locação a Indochina – onde Moscou, por sinal, obteve sucessos fulgurantes que, no entanto, terminaram por provocar uma resposta esmagadora, e de onde menos se esperava.

Quando descrevi a maneira pela qual os três regimes sustentados pelos americanos naquela parte do mundo haviam desmoronado, um após o outro, como peças de dominó, deixei de especificar que os comunistas que haviam vencido não eram todos da mesma doutrina. Enquanto no Vietná e no Laos os vencedores eram aliados da União Soviética, a facção que tomou a frente no Camboja rezava pelo maoísmo e tinha no comando um curioso personagem, que se autodenominava "Pol Pot". Ele não escondia sua desconfiança em relação a Hanói e também a Moscou. Rapidamente, seu regime iria se distinguir por um fanatismo paranoico. Pol Pot começou a esvaziar a capital de sua população, a atacar todos os que detinham a cultura e o saber e cometeu, em apenas quatro anos, um dos genocídios mais demenciais da história moderna.

Foi, então, com algum alívio que o mundo assistiu à ofensiva breve e eficaz lançada contra o Khmer Vermelho pelo exército vietnamita, que lhe permitiu conquistar Phnom Penh em 7 de janeiro de 1979. As tropas de Pol Pot haviam abandonado a capital, na véspera e sem resistência, para refugiar-se no campo.

Ao cassá-los do poder, os vietnamitas atingiam, com uma pedra, dois alvos: completavam sua hegemonia regional e, ao mesmo tempo, conquistavam a gratidão da opinião internacional, indignada com a selvageria do regime destituído.

Acontece que a China via as coisas por outra ótica. Verdade que seu novo homem forte, Deng Xiaoping, não tinha nenhuma simpatia pelo maoísmo equivocado de Pol Pot – nem mesmo, aliás, por outras formas de maoísmo. Mas ele não podia deixar os vietnamitas e seus protetores soviéticos reinarem soberanos sobre toda a Indochina, abatendo impunemente os aliados de Pequim, por mais execráveis e incontroláveis que fossem. Decidiu, então, lançar uma verdadeira "expedição punitiva".

Assim, em 17 de fevereiro de 1979, seis semanas após a queda de Phnom Penh, duzentos mil soldados invadiram o território vietnamita e avançaram para o Sul, ocupando várias localidades e demolindo diversas construções comerciais e militares. Em 6 de março, a China anunciou que a estrada de Hanói estava aberta para seus homens, mas que as tropas não avançariam mais, e que esperava que a "lição" imposta aos vietnamitas fosse suficiente. Estes, por sua vez, declararam que haviam "repelido o invasor".

A crer nos observadores externos, parece que os vietnamitas, escaldados por muitos anos de conflito, se saíram melhor que seus adversários, cujo exército não havia participado de verdadeiras batalhas desde a Guerra da Coreia, no início dos anos 1950. Mas o objetivo de Deng Xiaoping não era militar. No dia seguinte ao de sua chegada, ele queria demonstrar aos vietnamitas que a União Soviética não enviaria suas tropas para ajudá-los se fossem atacados e que, portanto, enganavam-se ao acreditar que poderiam agir à vontade. Endereçava, também, uma mensagem aos Estados Unidos: agora tinham, na Ásia, um interlocutor confiável e, talvez, até mesmo um parceiro potencial. Para os americanos, que não tinham ainda se recuperado da derrota que Hanói lhes havia infligido, a expedição punitiva ordenada pelo novo dirigente chinês era muito bem-vinda.

Manifestamente, algo importante se produzira na cena internacional, algo que Washington deveria celebrar e Moscou temer no mais alto grau.

4

OUTRO ACONTECIMENTO QUE descreverei também como "desencanto" para os soviéticos – mesmo se, à época, eles certamente não tenham visto assim – foi o assassinato de Aldo Moro, eminente líder da democracia cristã italiana, que militava por um "compromisso histórico" entre sua família política e o Partido Comunista. Raptado pelas Brigadas Vermelhas numa rua de Roma em 16 de março de 1978, ele foi encontrado assassinado na mala de um automóvel, em 9 de maio do mesmo ano.

Mesmo hoje, passados tantos anos, é difícil dizer com segurança quem ordenou o crime e que objetivo perseguia. Foram apresentadas muitas teorias que não tentarei desvendar aqui. Os matadores obedeciam a uma agência secreta italiana? A "serviços" estrangeiros? Ou só aos próprios delírios ideológicos? Seu plano era impedir que o partido católico legitimasse os comunistas e lhes abrisse as vias do poder? Ou, ao contrário, impedir os comunistas de amolecer e trair seus ideais marxista-leninistas? O debate jamais se resolveu de maneira definitiva.

Uma coisa, porém, me parece certa, hoje: para além do assassinato de um homem, uma utopia promissora acabara de ser jogada na lata de lixo da História.

Havia décadas, ela flutuava no ar. Nascida, entre alguns, da crença num iminente cataclismo nuclear, e entre outros, do desejo de ver a humanidade enfim reconciliada, ela se apoiava numa interrogação plena de esperança: e se o comunismo e o capitalismo, em vez de continuarem se digladiando ferozmente em toda a extensão do planeta, se aproximassem progressivamente um do outro e chegassem, juntos, a uma síntese? O primeiro, mostrando-se mais cioso das liberdades e da democracia, o segundo, incorporando uma dose maior de justiça social. Não haveria, assim, o fim desse confronto exaustivo de blocos que ameaçava erradicar a população da Terra?

Tal perspectiva não era, necessariamente, irracional. Espíritos brilhantes lhe deram crédito – escritores, filósofos, historiadores e também alguns dirigentes políticos, entre os quais o próprio Aldo Moro. Seu país até poderia legitimamente aspirar, nessa matéria, ao papel de pioneiro. Pátria dos papas e coração do mundo católico, a Itália tinha também o partido comunista mais poderoso e respeitado do mundo ocidental, aquele que gozava de mais prestígio intelectual. Sob a égide de seu secretário-geral Enrico Berlinguer – um homem oriundo mais da pequena nobreza da Sardenha que da classe trabalhadora –, o partido se pronunciara publicamente pela introdução do multipartidarismo e da liberdade de expressão nos países do Leste. Aldo Moro não podia esperar melhor parceiro para realizar seu sonho de um "compromisso histórico" entre os dois sistemas que disputavam o planeta.

Mas o sonho de Moro não era, de maneira alguma, do agrado dos dirigentes soviéticos. Ao falar do homicídio do dirigente democrata-cristão como de um desencanto para a URSS, assumo o ponto de vista do observador externo e tardio que pode contemplar à vontade os eventos das décadas seguintes; que sabe, portanto, que os herdeiros de Lenin estavam às vésperas de um colapso político e moral do qual jamais se recuperariam, e que a linha mediana preconizada por Moro e Berlinguer era, para os comunistas do mundo inteiro, não uma armadilha da qual deveriam fugir, mas exatamente o inverso: sua última chance de escapar da armadilha mortal que começava a se fechar sobre eles.

Dito isso, não tenho certeza de que tal chance existisse ainda em 1978. Talvez o sistema já fosse irrecuperável – desde a asfixia da Primavera de Praga, em 1968; do esmagamento da insurreição húngara, em 1956, ou mesmo antes. Claro é que, após a morte do "compromisso histórico" à italiana, nenhuma outra oportunidade foi apresentada para que a Guerra Fria terminasse num "empate". A derrota do "campo socialista" estava em vias de se tornar incontornável.

Hoje, sem mérito, nós sabemos disso; em 1978, os soviéticos não sabiam. No entanto, aquele ano lhes traria um outro desencanto maior. E dessa vez, ainda – por conjunção dos lugares e dos símbolos –, em Roma, entre todas as cidades.

Sem me deter muito, já evoquei a eleição, em outubro de 1978, pela primeira vez em mais de quatrocentos e cinquenta anos, de um papa não italiano – no caso, polonês – que passara o essencial de sua vida de padre sob o regime soviético. Não deixa de ter importância o fato de que a eleição de João Paulo II tenha ocorrido no momento em que outro polonês, tão hostil quanto ele ao comunismo, ocupava na Casa Branca o posto-chave de Conselheiro de Segurança Nacional, tendo como missão ajudar o presidente dos Estados Unidos a elaborar sua estratégia e colocá-la em funcionamento.

Zbigniew Brzezinski, vulgo "Zbig", jamais escondeu que suas origens eram um elemento determinante de sua visão política. Quando o presidente Jimmy Carter tomou posse, em 1977, seu conselheiro o convenceu de que sua primeira visita ao exterior deveria ser a Varsóvia. Desde sua chegada, e apesar da oposição do embaixador dos EUA, o presidente insistiu em encontrar-se com o mais ardente adversário das autoridades comunistas, o cardeal Wyszynski, primaz da Igreja polonesa, a quem garantiu seu apoio.

Zbig sonhava desestabilizar, fragilizar e, idealmente, desmantelar o império edificado pelos soviéticos por trás da "Cortina de Ferro". A esse objetivo, que parecia exageradamente ambicioso, o conselheiro dedicou-se com paixão e com habilidade, ao longo do único mandato de "seu" presidente. E seria razoável afirmar que a "conexão polonesa" que vigorou naqueles anos entre Washington e o Vaticano, efetivamente, permitiu afrouxar o controle do "grande irmão" russo sobre seus vassalos na Europa Oriental; especialmente após o surgimento, em 1980, do movimento Solidarnosc (*Solidariedade*), dirigido por Lech Walesa.

*

A era Carter ficou na memória como um período de fraqueza e de indecisão. Assim o candidato Reagan o apresentara, e alguns acontecimentos vieram confirmar tal impressão negativa; em particular, a ocupação da embaixada dos EUA em Teerã e as imagens humilhantes dos reféns americanos com os olhos vendados.

Com o distanciamento, essa falta de firmeza não se confirma, muito pelo contrário. Não na linha de frente da Guerra Fria, em todo caso. Face a Moscou, a resposta do governo Carter foi sutil, discreta, suave – mas terrivelmente eficaz. Em especial no Afeganistão, onde ele forjou uma armadilha mortal, na qual o regime soviético se deixou aprisionar e da qual jamais iria se libertar.

Em julho de 1979, quando Cabul estava nas mãos dos comunistas afegãos que haviam tomado o poder e movimentos armados começavam a se organizar para se oporem a eles em nome do islã e das tradições locais, Washington reagiu pondo em ação, secretamente, uma operação cujo codinome era "Ciclone", que tinha por meta apoiar ativamente os rebeldes. Antes que a decisão fosse tomada, os responsáveis americanos se perguntaram, com inquietação, se uma operação como aquela não iria incentivar Moscou a enviar suas tropas ao país. Mas tal perspectiva não preocupava Brzezinski, em absoluto. Ao contrário, ele torcia por isso. Sua esperança era justamente que os soviéticos, incapazes de controlar a situação por meio de seus aliados locais, fossem forçados a atravessar a fronteira, eles próprios, caindo assim na armadilha que o Conselheiro lhes preparava: a de um "Vietnã" ao avesso, quando os Estados Unidos deixariam aos russos o papel ingrato de "policiais" e se encarregariam, eles mesmo, de persegui-los por meio de rebeldes interpostos.

Brzezinski estava bastante orgulhoso de seu estratagema, mas somente após o fim da Guerra Fria sentiu-se livre para mencioná-lo. "Segundo a versão oficial da história", ele dirá, numa entrevista em 1998, "a ajuda da CIA aos mujahedins começou ao longo de 1980, ou seja, depois que o exército soviético invadiu o Afeganistão, em 24 de dezembro de 1979. Mas a realidade, guardada em segredo, era outra: foi, na verdade, em 3 de julho de 1979 que o presidente Carter assinou a primeira diretiva de assistência clandestina aos adversários do regime pró-soviético de Cabul. Naquele dia, escrevi uma nota ao presidente na qual eu lhe explicava que, a meu ver, aquela ajuda iria resultar numa intervenção dos soviéticos."

A seu entrevistador – Vincent Jauvert, do *Nouvel Observateur* –, que lhe perguntou se não se arrependia de nada, ele retrucou: "Arrepender-me de quê? Essa operação secreta foi uma excelente ideia. Ela teve como consequência atrair os russos a uma armadilha afegã, e você quer que eu me arrependa? No dia em que os soviéticos, oficialmente, atravessaram a fronteira, escrevi ao presidente Carter, em síntese: 'Nós temos agora a chance de dar à URSS sua guerra do Vietnã'. De fato, Moscou teve que conduzir no Afeganistão, durante dez anos, uma guerra extenuante, que trouxe a desmoralização e, finalmente, a implosão do império soviético".

Assim que foi informada da invasão do Afeganistão, a Casa Branca tratou de organizar a resposta, em todos os níveis. Carter anunciou sanções comerciais e diplomáticas e chamou todas as nações a boicotarem os Jogos Olímpicos de Moscou, previstos para o verão de 1980.

Chave-mestra dessa campanha, Brzezinski já começara a percorrer o mundo, da China ao Egito, da Inglaterra ao Paquistão, para obter o apoio de todos aqueles a quem a invasão soviética inquietava. E desde o lançamento da operação Ciclone, ele conseguira obter de vários países, em especial a Arábia Saudita, um auxílio concreto aos mujahedins, em dinheiro, armas e homens.

O afluxo de combatentes estrangeiros rumo ao Afeganistão, que começara alguns meses antes, iria, então, se intensificar, principalmente daqueles vindos do mundo árabe. Em fins de 1979, chegou ao local o estudante saudita Osama Bin Laden, à época com 22 anos. Outros o haviam precedido; muitos iriam segui-lo. Em vários países, começou-se a evocar com preocupação esses "afegãos árabes", militantes armados de uma "Internacional" de novo tipo, que se percebia um dia nos bairros de Argel e, na semana seguinte, em Sarajevo. Mas acreditava-se, então, que se tratava de um fenômeno passageiro, um "efeito colateral" da guerra em curso, que iria se atenuar assim que o confronto terminasse.

Quando a militância islamista começou a se propagar por todo o planeta, atacando sobretudo, e com rara ferocidade, alvos ocidentais, muitos agentes se indagaram se a América, obcecada por sua luta contra o comunismo, não havia feito o papel de aprendiz de feiticeiro ao favorecer a ascensão de forças que iriam se voltar contra ela. Mas seria irracional julgar os comportamentos de ontem em função daquilo que sabemos hoje. Em nossos dias, a União Soviética não existe mais; no tempo em que ocupava o Afeganistão, ela possuía ainda um poder extraordinário, materializado em milhares de ogivas nucleares capazes de acabar com o planeta. Jamais os Estados Unidos haviam encarado um inimigo assim, e a prioridade, para todos os seus dirigentes, era combatê-lo, contrariá-lo, enfraquecê-lo, não importava por que meios. Nenhuma outra ameaça poderia distraí-los desse objetivo prioritário, muito menos aquela – tão longínqua, tão vaga, tão improvável – do que chamaríamos, vinte anos mais tarde, radicalismo violento, ou terrorismo.

Mas se é difícil recriminar os responsáveis americanos por terem privilegiado a luta até as últimas consequências contra a superpotência rival, não é menos verdade que eles realmente brincaram de aprendizes de feiticeiros: favoreceram o surgimento de um fenômeno inédito, complexo, inatingível, desconcertante, que não iriam ser capazes de controlar.

5

QUANDO TENTO FAZER o balanço do século XX, tenho a impressão de que foi o palco de duas "famílias" de calamidades: uma provocada pelo comunismo, outra pelo anticomunismo.

À primeira pertencem todos os abusos cometidos em nome do proletariado, do socialismo, da revolução ou do progresso; os episódios foram muitos, sob todos os céus do mundo, dos processos de Moscou e períodos de fome na Ucrânia aos excessos norte-coreanos, passando pelo genocídio cambojano. À segunda "família" pertencem os excessos cometidos em nome da luta contra o bolchevismo. Ali, também, os episódios foram incontáveis – o mais devastador, sem dúvida, tendo sido o cataclismo planetário causado pela "peste marrom" do fascismo e do nazismo.

A percepção dos diferentes crimes cometidos passou por várias oscilações. No pós-guerra mais imediato, a maior parte dos historiadores julgava excessivo, inconveniente e mesmo suspeito pôr no mesmo plano os crimes do regime hitlerista e os do regime soviético. E se a imagem de Stálin acabaria por ser maculada, a de seu antecessor, Lenin, permaneceria por muito tempo intacta.

A estatura de Mao Tsé-Tung passou, também, por altos e baixos. Seus desvarios, como "a grande revolução cultural proletária", foram incensados em seu tempo por intelectuais de renome. Hoje, são julgados com bastante severidade, mas o "grande timoneiro" não sofreu a mesma desgraça do "pai dos povos". Nenhuma "desmaotização" notória se fez, e embora seus sucessores tenham se afastado cuidadosamente da sua linha de ação, conservaram, por outro lado, o mausoléu na Praça Tiananmen – até porque viam nele um símbolo de continuidade e de estabilidade.

Só quando a Guerra Fria chegou ao fim, com a falência do modelo coletivista e a implosão da União Soviética, passou a ser aceitável zombar do "pequeno livro vermelho", comparar Stálin a Hitler e questionar a imagem de Lenin. Este deixou de ser visto como o fundador respeitável de um poder socialista pervertido por seus herdeiros: já se atribui a ele uma responsabilidade maior em tudo o que se passou depois da Revolução de Outubro, que foi relegada, por alguns historiadores, ao grau de um golpe de Estado vulgar – audacioso, com certeza, mas que nada tinha de um levante popular.

O fato não deveria ser motivo para grande mágoa. As peças foram lançadas. O comunismo teve sua chance, mais do que qualquer outra doutrina, e a desperdiçou. Poderia ter feito triunfarem seus ideais, mas os desconsiderou. Por muito tempo, foi julgado com excessiva clemência, e hoje é avaliado com extremo rigor.

Seria correto concluir que, a partir desse reajuste de perspectiva, nossa visão dos crimes do século XX tornou-se adequada e equilibrada? Infelizmente, nem tanto. Em se tratando dos abusos cometidos pelos regimes comunistas, estamos em vias de varrer as últimas sombras e as últimas ilusões. O mesmo se pode dizer dos excessos perpetrados pelo nazismo, pelo fascismo e por todos os que giraram em sua órbita nos anos 1939 e 1940. Os historiadores continuarão a investigar, refletir, relatar e interpretar, como sua disciplina os convida a fazer, mas é razoável considerar que a imagem de conjunto que temos da primeira parte do século corresponde, em essência, à realidade.

Em contrapartida, nossa visão continua incompleta, e às vezes totalmente tendenciosa, quando se fala dos crimes cometidos durante a Guerra Fria, entre meados dos anos 1940 e o começo dos anos 1980. Não houve, no fim da Segunda Guerra Mundial, uma complacência clara em relação aos abusos cometidos pelos vencedores? Os de Stálin, claro, mas, igualmente, as matanças conduzidas pelos ocidentais em Dresden ou em Hiroshima? Ora, o fim da Guerra Fria deu lugar a um fenômeno semelhante. Se ninguém mais põe em dúvida as monstruosidades cometidas pelos regimes seguidores do marxismo-leninismo – na Hungria, na Etiópia, no Camboja ou em Cuba –, o que se cometeu em nome da luta contra o comunismo é frequentemente considerado, quando não uma "cirurgia" necessária, ao menos um "efeito colateral" – lamentável mas, sem dúvida, inevitável – resultante da batalha por uma causa justa.

O que acabo de dizer merece ponderações. A complacência em relação a tais excessos não é sistemática. Assim, a repressão selvagem conduzida por certas ditaduras de direita, como a de Pinochet, no Chile, ou a dos militares argentinos e brasileiros, é amplamente denunciada. E a "caça às bruxas" comandada nos anos 1950 pelo senador Joseph McCarthy é um tema recorrente no cinema americano e na literatura. Mas basta abordar os crimes cometidos – em nome do anticomunismo – contra as elites do mundo muçulmano, e as consciências adormecem.

*

Tive a oportunidade de evocar o Partido Comunista Indonésio e sublinhar que ele foi, na minha infância, o mais importante do mundo depois dos da China e da União Soviética. Ele seria vítima, em 1965 e 1966, de uma ação de extermínio sistemático e maciço que causaria a morte de pelo menos quinhentas mil pessoas, e sem dúvida muito mais. Quadros partidários, professores, estudantes, artistas, sindicalistas seriam massacrados impiedosamente, muitas vezes junto com suas famílias. Documentos da CIA tornados públicos em 2017 confirmaram o que os pesquisadores já sabiam: que os Estados Unidos participaram ativamente das matanças, a ponto de fornecer, aos esquadrões da morte, listas de pessoas que deveriam ser sumariamente eliminadas.

Tão grave quanto os massacres em si foi o fato de ter-se exterminado uma elite intelectual com aspirações modernistas e laicas, para deixar, naquele grande país muçulmano, apenas militares corruptos fazendo face a militantes religiosos cada vez mais extremistas. Tem-se o hábito de reservar o termo "genocídio" à destruição metódica de um grupo humano – povo, etnia, comunidade religiosa. Nenhum equivalente existe para descrever o massacre de milhões de pessoas que dividem uma mesma ideologia. Mas pouco importam as denominações… O que o Ocidente estrangulou na Indonésia, em nome da luta contra o comunismo, foi a possibilidade que tinha essa grande nação, de maioria muçulmana, de conhecer um futuro de modernidade, progresso, diversidade e pluralismo.

No entanto, tal crime, apesar de sua envergadura e de suas pesadas consequências, nunca provocou grande indignação mundo afora – e os que o cometeram, fossem indonésios ou americanos, jamais se inquietaram. O crime, simplesmente, foi varrido para debaixo do tapete.

Não é um exemplo isolado. Nos anos 1950, foi a vez do Irã de sofrer calamidade similar, quando o regime patriótico do doutor Mossadegh – que era partidário de ideais modernistas e democráticos e cujas reivindicações em relação à partilha dos lucros petrolíferos representavam a justiça mais elementar – foi derrubado por um golpe orquestrado pelos serviços secretos americano e britânico. Aqui não se trata, tampouco, de alegações, mas de fatos verificados e de documentação de apoio, que os culpados sequer tentam negar.

Usou-se como pretexto, para enquadrar a operação como um episódio da luta contra o comunismo, o fato de que havia alguns marxistas no círculo próximo de Mossadegh – quando, na verdade, a única motivação do golpe de Estado foi perpetuar a pilhagem descarada da fortuna petrolífera, deixando nada além de migalhas às populações locais. O resultado foi, como todos sabem hoje, aparelhar a ascensão de uma revolução islâmica radicalmente hostil ao Ocidente.

Esses são apenas alguns exemplos, entre outros, dos efeitos perversos da prática do anticomunismo no mundo árabe-muçulmano durante a Guerra Fria. Em toda parte, foram minadas as chances de uma modernização social e política, alimentou-se o ressentimento e abriram-se as vias ao fanatismo e às trevas.

Fatos assim me voltam ao espírito sempre que ouço dizer, em relação às sociedades muçulmanas, que elas seriam, por sua natureza e por sua religião, alérgicas tanto à laicidade quanto à modernidade. Tais explicações, fornecidas *a posteriori*, não são nem pertinentes nem honestas. Do meu ponto de vista, é a evolução das sociedades humanas que determina sua leitura dos textos sagrados. E são as vicissitudes da História que determinam a maneira como os povos vivem e interpretam suas crenças.

Eu disse que os regimes comunistas desconsideraram por muito tempo as ideias universais que estavam determinados a promover. Devo acrescentar que as potências ocidentais, elas também, e de forma exuberante, desacreditaram seus próprios valores. Não por terem combatido ferozmente seus adversários marxistas ou terceiro-mundistas – seria difícil censurá-las por isso –, mas por terem instrumentalizado os princípios universais mais nobres a serviço de suas ambições e de sua avidez. E, mais ainda, por terem se aliado, particularmente no mundo árabe, às forças mais retrógradas, mais obscurantistas. As mesmas que iriam, um dia, declarar-lhes as guerras mais malignas.

O espetáculo aflitivo que o planeta apresenta neste século é o produto de todas essas falências morais e de todas essas traições.

6

QUANTAS VEZES, NESSES últimos anos, a palavra "retrocesso" me veio espontaneamente aos lábios! Ao falar de uma degola à faca, do sequestro de um grupo de estudantes transformados em escravos, da dinamitagem de um antigo monumento ou do ressurgimento de doutrinas de ódio que acreditávamos caídas em desgraça para sempre, não é a uma regressão moral que nos referimos?

Mas tal noção é inadequada. E embora eu continue a usá-la vez ou outra por impaciência, raiva ou rancor, sei que é aproximativa e um pouco enganosa. Não se trata realmente de um retorno à "Idade da Pedra", nem à "Idade Média", nem "aos piores tempos da Inquisição", nem mesmo "à época da Guerra Fria". A História não funciona assim. Nunca se volta atrás, jamais se encontra o ambiente material ou mental de uma época anterior. A marcha do tempo nos faz penetrar em zonas novas, mal exploradas, pouco balizadas, e que correspondem só na aparência àquelas atravessadas pelas gerações precedentes.

Mesmo os comportamentos mais passadistas não podem ser interpretados no contexto de hoje: sua ligação com o passado é ilusória. As idades de ouro são sempre mistificações tardias, a serviço de projetos políticos ou ideológicos. E é também o caso de todos os momentos fortes da história humana, sejam estes percebidos como idílicos ou desastrosos.

É mantendo tudo isso em mente que volto, mais uma vez, minha atenção à "inversão" que se deu por volta de 1979, quando diversas forças conservadoras levantaram o estandarte da revolução, enquanto os partidários do progressismo recuavam para a defensiva.

Ao evocar esse fenômeno pela primeira vez, enfatizei que tais "revoluções", por paradoxais que fossem, não podiam ser descartadas, de início, como ilegítimas ou usurpadoras. Nem simplesmente julgadas como um retrocesso, sem outra forma de análise. Embora provoquem, em mim como entre tantos outros contemporâneos meus, um alto grau de indignação e inquietude, elas representam um fenômeno maior de nossa época. Merecem, portanto, ser consideradas com atenção, discernimento e tomando o cuidado de fazer a triagem entre suas contribuições e seus efeitos nefastos, nem sempre fáceis de distinguir.

Essas "revoluções" foram acompanhadas de certas mudanças significativas nas atitudes de nossos pares. Uma das mais notáveis se refere à percepção que temos, desde então, das autoridades públicas e de seu papel na vida econômica.

Raros são aqueles que exaltam, ainda, as virtudes do intervencionismo ou que põem em dúvida a primazia das leis do mercado. A maior parte dos responsáveis políticos creem hoje na necessidade de liberar as energias – especialmente as das empresas e de seus gestores – dos obstáculos suscetíveis de travá-las.

Grã-Bretanha e EUA, os dois países ocidentais pioneiros da revolução conservadora, desejavam "libertar-se", antes de tudo, do Estado-providência – ou seja, a predisposição das autoridades de cobrar sempre mais impostos e de aumentar as ajudas sociais, a fim de reduzir a diferença entre os privilegiados e os desfavorecidos. Na China – e em outros países que haviam aplicado os preceitos do "socialismo científico" que se queria eliminar –, foi a gestão centralizada, dogmática, burocrática da economia que conduziu sempre à ineficácia, à corrupção, à desmoralização generalizada e a penúrias crônicas. Foi por isso que Deng Xiaoping, embora não tivesse as mesmas prioridades que Margaret Thatcher ou Ronald Reagan, tinha com ambos uma convergência nítida: o objetivo final dos três dirigentes era construir uma economia mais dinâmica, mais racional, mais produtiva e mais competitiva.

Foi evidentemente a partir de Washington e de Londres que a primazia da economia de mercado se impôs ao mundo. Mas não se deve subestimar, nesse contexto, o papel emblemático exercido pelo sucesso fulgurante da China.

Por décadas, vários países pertencentes ao que chamávamos de "Terceiro Mundo" foram atraídos pelo socialismo estatal, que prometia tirá-los do subdesenvolvimento por vias diferentes das escolhidas pelo Ocidente. Muitos dirigentes na Ásia, na África e na América Latina apostaram nesse caminho, esperando destacar-se das antigas potências coloniais e dos Estados Unidos. Eles todos descobririam, ao fim de alguns anos, que o sistema funcionava de modo errado, não cumpria suas promessas e os havia conduzido à ruína.

Esses governantes se viram, então, num impasse, convencidos de terem tomado a rota errada, mas sem ousar admiti-lo, mesmo não sabendo solucioná-lo. Foi preciso que a maior nação comunista se convertesse à economia de mercado – e realizasse, em seu rastro, um dos mais espantosos milagres da história humana –, para que a via do socialismo científico fosse considerada, de uma vez por todas, como obsoleta.

No ringue onde, por tantos anos, as duas doutrinas se digladiaram de forma sangrenta, foi o árbitro chinês, na pessoa de Deng Xiaoping, que elevou o braço do lutador capitalista, proclamando sua vitória.

*

Ao fazer um retrospecto das consequências globais dessa primeira transformação desencadeada pelas revoluções conservadoras, não se pode, de forma alguma, enquadrá-la por inteiro num vulgar "retrocesso". Em certos aspectos, ela terá sido autenticamente revolucionária.

Nunca antes o capitalismo soubera ou desejara transmitir seu *know-how* e seu dinamismo a parceiros importantes pertencentes a outras culturas. E eis que, em poucas décadas, sob a bandeira de uma política que advogava nada além da "liberação" dos fluxos financeiros e comerciais, uma injustiça com vários séculos de idade nas costas começava a ser reparada. O *savoir-faire* do Ocidente industrializado, então, propagou-se em todas as direções, mudando radicalmente a paisagem material e humana do planeta. Uma após outra, as grandes nações do Sul tomaram decididamente um caminho que poderia arrancá-las do subdesenvolvimento e livrá-las dos flagelos humilhantes que este carrega – a ignorância, a incompetência, a desnutrição, as epidemias.

Claro, a estrada é longa, mas hoje se sabe, com fartura de exemplos, que tudo é possível e que só ficarão no meio do caminho aqueles que não encontrarem em si a vontade e a sabedoria de avançar, de se adaptar, de construir.

Nenhuma lágrima, portanto, deveria ser derramada sobre o falecido sistema intervencionista. Em nenhum país ele cumpriu suas promessas, nem no antigo "Terceiro Mundo", nem no antigo "campo socialista": por toda parte, mostrou-se inconsequente, favoreceu os meios autoritários e a formação de falsas elites repressivas e parasitárias. Por isso, merece ser severamente penalizado e até mesmo cair, para sempre, na proverbial "lixeira" da História.

O problema é que esse socialismo, inepto e equivocado, não foi o único a desmoronar. Em virtude de uma lei constantemente observada nas sociedades humanas, a falência de um projeto, de uma ideia, de uma instituição ou de uma pessoa contamina tudo aquilo que pertence ou parece pertencer à mesma espécie.

O que os condutores da revolução conservadora conseguiram repudiar não foi apenas o comunismo, mas também a social-democracia e, com ela, todas as doutrinas que se haviam mostrado conciliáveis com os ideais do socialismo, mesmo quando foi para melhor combatê-los.

Não se contentaram em denunciar os excessos do igualitarismo: foi o princípio mesmo da igualdade que se pôs em causa e se procurou depreciar. Nos Estados Unidos, em especial, a diferença entre a renda dos mais ricos e a dos mais pobres, que havia diminuído a partir dos anos 1930, voltou a crescer no final dos anos 1970, a ponto de regredir, em nosso século XXI, a níveis comparáveis aos do século XIX. O que legitimamente criou, entre alguns, o sentimento de viver – no que toca à igualdade, ao menos – uma época de retrocesso.

Não foram denunciados somente os abusos da burocracia, mas instaurou-se uma cultura de desconfiança e desonra contra as autoridades públicas, como se suas intervenções na vida econômica fossem necessariamente "assaltos" contra os quais os cidadãos honestos deveriam se defender. Segundo a incisiva fórmula empregada por Reagan em seu discurso de posse, "nesta crise, o Estado não é a solução ao nosso problema; *o Estado é o problema*" – frase fartamente debatida desde então. Analisada, interpretada, dissecada e, às vezes, sabiamente reconduzida ao contexto preciso no qual fora pronunciada, mas que reflete, inegavelmente, uma maneira de pensar na qual se reconhece o militantismo conservador desinibido, do qual o ex-presidente americano era o porta-bandeira – e que a partir de então reinaria no planeta, a ponto de se tornar a norma de nossa época.

7

POR TODAS ESSAS razões, é difícil, no atual estágio de minhas reflexões, formular uma posição consistente sobre as mudanças causadas pelas revoluções conservadoras na gestão econômica ou na relação entre os cidadãos e o poder público. Em alguns aspectos, a abordagem agravou os fossos sociais e provocou injustiças às vezes obscenas; mas produziu também a decolagem dos grandes países do Sul e seu acesso a tecnologias avançadas, o que representa, inegavelmente, um progresso.

Os efeitos me parecem, em todo caso, suficientemente ambíguos e complexos para que eu me abstenha de considerar essa "inversão" nas atitudes como um "retrocesso" puro e simples – o que não hesitarei em fazer, em contrapartida, a propósito da outra transformação, ligada às revoluções conservadoras. Refiro-me à piora constante e generalizada das tensões identitárias, que se infiltraram como uma droga nas veias de nossos contemporâneos e que afetam, hoje, todas as sociedades humanas.

Não é certo, aliás, que se considere o desencadeamento das questões identitárias como uma consequência das revoluções conservadoras. Seria mais justo dizer que houve, entre esses dois fenômenos, uma simultaneidade.

Não foi, contudo, obra do acaso. Porque sempre houve, no discurso daqueles que tradicionalmente defendem as ideias do conservadorismo, uma tonalidade identitária, muitas vezes baseada em religião, nação, raça, ou uma mistura de tudo isso. Ela é encontrada entre os republicanos americanos, os nacionalistas israelenses do Likud, os nacionalistas indianos do BJP, os talibãs do Afeganistão, os *mallahs* do Irã – e, mais geralmente, em todas as forças políticas que operaram, a partir dos anos 1970, sua própria revolução conservadora.

O que me leva a evocar, mais uma vez, o que chamei, neste livro, "o ano da grande reviravolta" – 1979. Observador desesperadamente racional que sou, não atribuí a esse número nenhuma virtude oculta: se ele aparece sempre sob minha pena é porque acontecimentos significativos associados a uma virada – e, às vezes, a uma ruptura – no curso da História marcaram esse ano, ou suas proximidades. Não há datas que se tornam como que marcadores de páginas no grande registro do tempo, assinalando o fim de um capítulo e o começo de outro? Acho que 1979 é uma delas. Eu tinha 30 anos, e sentia a terra tremer sob meus pés sem saber medir a amplitude do abalo.

Naquele ano, portanto, foi ultrapassado um limiar na longa história das turbulências identitárias: a brusca irrupção, na cena planetária, de um islamismo paradoxal, socialmente tradicionalista mas politicamente radical, cujas potencialidades subversivas, que teriam repercussões duráveis, não se supunham até então. Houve, também, os seguintes fatos: em fevereiro de 1979, a fundação da República Islâmica do Irã sobre os escombros de uma monarquia considerada modernista e demasiadamente ocidentalizada; em abril de 1979, a execução, por enforcamento, do ex-presidente paquistanês Zulfikar Ali Bhutto por militares golpistas que o acusavam de pregar o socialismo e a laicidade e que reivindicavam uma estrita aplicação das leis do Alcorão; em julho de 1979, a decisão americana de armar clandestinamente os islamistas afegãos; em novembro de 1979, o assalto contra a grande mesquita de Meca, conduzido por um imponente comando de militantes islamistas sauditas, o qual terminaria com um banho de sangue; em dezembro de 1979, a entrada, no Afeganistão, das tropas soviéticas contra as quais o jihadismo moderno iria travar sua guerra fundadora...

Claro que cada um desses episódios tinha já a sua respectiva razão de ser. Entretanto, a cadência na qual eles se sucederam parece indicar que uma nova realidade estava nascendo. Hoje, o recuo do tempo nos permite confirmá-la. Muitos momentos de alto teor simbólico que moldaram nossa época, da queda do Muro de Berlim à queda das Torres Gêmeas de Manhattan, encontram sua origem nos adventos "daquele ano"...

Uma vez mais, vejo-me no dever de sublinhar que não há, evidentemente, *uma* explicação comum a todas essas evoluções. Podem-se enumerar, lado a lado, o êxtase que tomou conta dos dirigentes soviéticos no dia seguinte a seus sucessos na Indochina e na África negra; a desgraça profunda dos árabes após a derrota de 1967 e a morte de Nasser; as mudanças na maneira pela qual os americanos conceberam desde então seu papel na Guerra Fria; as linhas de fratura subterrânea no seio das sociedades muçulmanas, e outras tantas razões.

Há, contudo, um fator de natureza diversa que merece que nos detenhamos um pouco mais: a crise do petróleo. Na crista de uma onda de abalos ocorridos nos anos 1970, essa crise modificaria bastante os parâmetros econômicos, sociais e políticos em toda parte; levaria a uma mudança radical das mentalidades, assim como no equilíbrio de forças, e projetaria sobre o mundo árabe – e, a partir de lá, sobre todo o planeta – como que uma nuvem espessa de obscurantismo e de regressão.

*

A principal crise aconteceu quando os países produtores impuseram um embargo para protestar contra a ajuda dos Estados Unidos a Israel durante a guerra com o Egito e a Síria, em outubro de 1973. A escassez não durou muito, mas a alta considerável do preço do barril, até então extremamente baixo, seria duramente sentida por muitos anos pelos países importadores. Não há nenhuma dúvida de que esse fator foi decisivo nos acontecimentos que levaram às diversas revoluções conservadoras. Se voltarmos, por exemplo, à atmosfera que reinava na Grã-Bretanha às vésperas do advento da sra. Thatcher, fica claro que a crise da qual sofria o país era em boa parte ligada à agenda energética. Um dos momentos mais traumatizantes não foi o do blecaute no Piccadilly Circus? A dirigente conservadora prometia pôr fim a tais perturbações.

O mesmo fez Reagan meses depois, do outro lado do Atlântico. Enquanto o presidente Carter pedia a seus compatriotas que reduzissem o consumo de energia para o país não depender mais das importações – nem ser forçado a se engajar em aventuras militares no estrangeiro para preservar suas fontes de abastecimento –, o candidato republicano adotava uma linha oposta. Pedia aos consumidores americanos para não mudarem seus hábitos e prometia fazer tudo, inclusive usar a força, se necessário, para evitar que apertassem o cinto.

Era esse último discurso que os eleitores queriam ouvir, como atestou o resultado do pleito. Apelar para o brio dos americanos, seu orgulho nacional, o desejo de não mudar sua rotina de consumo, era inevitavelmente mais vantajoso que evocar um senso de medida que soava como resignação.

Os países importadores, ricos ou pobres, tiveram todos que atravessar um período de turbulências antes de poder se adaptar às novas realidades econômicas surgidas com a alta dos preços do petróleo. Esses longos anos de dúvidas, de flutuações e de reformulação do debate seriam, para muitos, penosos e traumáticos. Mas foi nos países exportadores que ocorreram os choques mais explosivos. Causados ao mesmo tempo pelas ambições desmedidas de certos dirigentes e pelas demandas insaciáveis na população pelo afluxo brusco de petrodólares, esses tremores começaram subitamente e não cessaram mais.

O xá do Irã, um dos principais artesãos da "crise do petróleo", foi cassado do poder em fevereiro de 1979, após uma rebelião popular. Pouco tempo depois, a Arábia Saudita viveria uma comoção política maior, na qual muitos observadores só enxergaram, naquele momento, um incidente bizarro e isolado, mas que iria ter repercussões planetárias às quais voltarei mais tarde. No caso do Iraque, sua história, desde então, resumiu-se a uma sequência de invasões provocadas e invasões sofridas, guerras civis e massacres – o que deixou o país arruinado, debilitado e praticamente desmembrado. Basta, aliás, passar em revista os "felizes" beneficiados pelo "manjar" petrolífero para rememorar todas as tragédias que o ouro negro enredou. Além das que citei acima, a lista é farta: a Líbia, a Argélia, a Indonésia, o Kuwait, a Nigéria, a Venezuela, como um triste buquê a exalar o drama de nosso tempo...

*

No coração do mundo árabe, a consequência mais imediata do choque petrolífero foi que os países exportadores da preciosa mercadoria se viram em posse de uma enorme liquidez. Isso lhes dava uma vantagem segura sobre os que não tinham o mesmo recurso. O Egito perdeu o lugar preponderante que ocupava na era Nasser; a Arábia Saudita apareceu, de um dia para o outro, como nova protagonista; quanto aos dirigentes do Iraque e da Líbia, Saddam Hussein e Muammar Kadhafi, estes começaram a sonhar com a posição de líderes da nação árabe e sacrificaram o essencial da fortuna recentemente angariada em prol da ambição, sem alcançar suas metas.

Um efeito mais durável desse deslocamento de poder ocorreu no nível das mentalidades e da atmosfera intelectual. As ideias que valiam até então, inspiradas pelo nacionalismo, o socialismo ou o modelo das sociedades ocidentais, foram pouco a pouco eclipsadas por outras, que chegavam de países desérticos, até então no ostracismo das grandes correntes de pensamento que sopravam no mundo. Na esfera política, surgiram novos atores, com perfil incomum: homens jovens, educados em meios extremamente conservadores, dispondo às vezes de recursos financeiros consideráveis e dispostos a investir na propagação de sua fé.

Conhecemos hoje os nomes de Osama Bin Laden e de outros que encomendaram atentados grandiosos. Mas foram centenas de milhares de anônimos, talvez milhões, que contribuíram para os combates do Afeganistão, da Bósnia e outros, sem terem jamais ido a tais lugares – simplesmente enviando seus tostões a qualquer coletor de fundos, na certeza de assim estarem cumprindo uma boa e piedosa ação. Tantos árabes sentiam-se, então, humilhados, desnorteados, órfãos de seus heróis e traídos por seus dirigentes e por ideologias "modernas" nas quais um dia acreditaram! Eles estavam maduros para enfileirar-se sob os estandartes da religião.

No dia em que Brzezinski veio pedir a seus aliados, especialmente os sauditas, egípcios e paquistaneses, que enviassem aos mujahedins afegãos dinheiro, armas e voluntários prontos para se bater contra os comunistas ateus, seu discurso não foi acolhido com indiferença.

A estratégia que ele pregava estava em sintonia com as aspirações jihadistas que agitavam alguns setores da população. Estava igualmente em sintonia com as preocupações dos dirigentes locais, que por certo temiam, como os americanos, a ameaça soviética, mas estavam alarmados com um evento que batia às suas portas: o levante popular, de inspiração ao mesmo tempo nacionalista e islamista, que acabava de derrubar o xá do Irã. E que fazia todas as monarquias vizinhas tremerem diante do risco de um efeito contagiante.

8

QUISERAM AS CIRCUNSTÂNCIAS de minha vida de jornalista que, durante a revolução iraniana, eu fosse, mais uma vez, espectador próximo das transformações que minha época vivenciou.

Uso, aqui, o termo "espectador" no sentido mais literal: quando a fundação da República Islâmica foi anunciada, eu estava em Teerã, numa pequena sala de espetáculos; e, bem diante de mim, no palco, sentado numa grande poltrona localizada rente à cortina, estava o aiatolá Khomeini. Era o dia 5 de fevereiro de 1979, e aquele estranho quadro ficou impresso para sempre na minha memória.

Na época eu já morava em Paris, onde retomara minha atividade de jornalista, como em Beirute, mas com algumas adaptações: agora escrevia mais em francês que em árabe, e cobria com maior frequência o mundo árabe-muçulmano que o resto do planeta.

Quando as manifestações de massa se multiplicaram no Irã, ao longo do verão de 1978, e balançaram violentamente o trono do xá, eu as acompanhei com fascínio. Uma revolução conduzida por um chefe religioso de 76 anos que usava um turbante negro e uma barba branca não era, no último quarto do século XX, um fenômeno banal.

Como muitos de meus contemporâneos, eu contemplava a marcha dos acontecimentos com mais incredulidade que inquietação. A monarquia era percebida como repressiva, opulenta e corrupta; as pessoas se interessavam bem menos por suas aspirações modernizantes.

No início das turbulências, Khomeini vivia no exílio, ao sul do Iraque, num local venerado pelos xiitas do mundo inteiro. Mas o xá do Irã exigiu que ele fosse expulso, e Saddam Hussein pediu que se refugiasse em outro país – o que o aiatolá não lhe perdoaria jamais. A França se propôs a acolher o velho opositor. E uma pequena aldeia perto de Paris, Neauphle-le-Château, foi, por alguns meses, sua residência e capital improvável da insurreição iraniana.

Fui lá duas ou três vezes, e tive a oportunidade de entrevistar Khomeini na presença de um jovem religioso, xiita libanês, que fazia parte de seu círculo próximo e aceitou gentilmente servir de intérprete. Eu fazia minhas perguntas em árabe clássico; Khomeini dava sinais, balançando a cabeça, de que estava entendendo, mas respondia em persa, e o intérprete cochichava em meu ouvido a tradução. Estávamos os três sentados no chão, sobre grossas almofadas cobertas com pequenos tapetes persas.

Tive também conversas com os homens que orbitavam o chefe e que lhe prestavam, claro, extrema consideração, sem necessariamente partilhar todas as suas ideias. O mais importante entre eles era Ebrahim Yazdi, um doutor em bioquímica que seria nomeado ministro do Exterior no primeiro governo da República Islâmica, antes de cair em desgraça e se tornar uma figura central da oposição ao regime dos mulás.

Foi ele que me telefonou, em 31 de janeiro, para anunciar que a Air France estava fretando uma grande aeronave para o retorno de Khomeini ao Irã. Haveria lugar para ele e para seu *entourage*, mas também para jornalistas estrangeiros que desejassem cobrir o acontecimento. Yazdi me perguntou se eu queria embarcar nessa jornada. Respondi que o encontraria no aeroporto duas horas antes da decolagem, prevista para perto de meia-noite.

O aiatolá foi recebido no aeroporto de Teerá com uma solenidade fria. Mas, nas ruas, esperava-o uma maré humana como eu jamais vira com meus próprios olhos. A impressão era de que toda a população do Irã saíra de casa para recebê-lo.

Foi um triunfo, mesmo que seu status no país ainda fosse incerto. Ele não estava no poder, e seus homens temiam que certos elementos do exército lhe criassem dificuldades. Porém, ninguém mais estava no comando: o campo adversário era uma desordem total.

Durante esse período intermediário, o oponente instalou seu quartel-general provisório numa escola pública, situada numa zona onde seus partidários podiam protegê-lo. Havia sempre manifestantes nas ruas vizinhas, e Khomeini aparecia às vezes na varanda para saudá-los.

Ao fim de três dias, ele julgou que era o momento propício para avançar as peças no tabuleiro. Organizou, numa sala de cinema, a pequena cerimônia assistida por seus próximos, por algumas personalidades políticas e religiosas e pelos jornalistas estrangeiros que o haviam acompanhado desde a França.

Assim, Khomeini estava no palco, sentado numa poltrona. À sua esquerda, de pé, vestindo terno claro e gravata, um homem pouco mais jovem, Mehdi Bazargan. Aberta a sessão, o aiatolá o nomeou para o posto de primeiro-chefe do governo da República Islâmica do Irã – que acabara de nascer, diante de nossos olhos. Ainda havia, na mesma cidade, um outro governo, nomeado pelo xá e presidido por Shapur Bakhtiar. Mas estava claro que o desaparecimento do antigo regime era uma questão de dias, ou até mesmo de horas.

Havia um contraste impressionante entre a amplitude histórica do acontecimento que presenciávamos tão de perto e a banalidade do local que lhe servia de cenário. Um império milenar acabava de ser abolido na nossa frente, o mundo muçulmano estava em vias de conhecer uma transformação maior, que teria consequências em todas as paragens da Terra. E ali estávamos, numa cerimônia de aspecto escolar, numa sala municipal, como se fosse um ritual de fim de ano, com entrega de diploma ao aluno mais merecedor. Bazargan reforçava tal impressão. Transbordando emoção, claramente intimidado em seu terno claro muito mal abotoado, ele tinha nas mãos as páginas amassadas do discurso de aceitação. A impressão era de que não esperava ter que subir ao palco e de que tinha grande pressa de descer.

O homem trazia a reputação de ser íntegro e competente, e sua escolha para o comando do governo era muito tranquilizadora para os que esperavam que a revolução khomeinista conduzisse o Irã à modernização e à democracia. Ele havia feito o essencial de seus estudos na França, primeiro num colégio de Nantes, depois na École Centrale, em Paris, onde obteve seu diploma de engenheiro.

Quando Mossadegh tentara, em 1951, retomar o controle do petróleo iraniano, escolheu Bazargan para dirigir a companhia nacional. Essa aventura terminou tristemente dois anos mais tarde, com o golpe de Estado fomentado pela CIA. Mas a lembrança permanecia viva na população, e o fato de que a nova revolução recorresse a uma figura da revolução precedente era reconfortante. Tão reconfortante quanto a nomeação de Yazdi para vice-primeiro-ministro. Dois cientistas reconhecidos por sua integridade, por sua modernidade de espírito e por suas convicções democráticas estavam, assim, no topo do poder. Aos que acreditavam que Khomeini seria, para a nação, um avô ponderado e bondoso, restava regozijar-se. A revolução parecia começar sob os melhores auspícios.

*

É razoável supor que o aiatolá nutria, desde o início, projetos bem diferentes. Bem mais ambiciosos, com certeza, mas bem menos apaziguadores para os que torciam para uma transição serena da monarquia à república. Ele iria deixar para seus herdeiros um regime de gênero inédito, mistura de tradicionalismo social com radicalismo político. O Irã se metamorfoseou, sob seu impulso, numa potência regional dinâmica, de estilo original, com uma voz audível e iniciativas respeitadas – mas engajado até o pescoço em batalhas titânicas, nem totalmente fracassadas nem realmente vitoriosas, e que jamais terminavam.

Uma das primeiras mudanças notáveis no plano internacional foi a reviravolta da política iraniana em relação ao Oriente Médio. O xá havia estabelecido um vínculo amigável com Israel, país que ele abastecia de petróleo, coisa que os produtores árabes se recusavam a fazer. Khomeini pôs fim a essa prática imediatamente, rompeu relações com o Estado hebreu, recebeu Arafat em Teerã antes de qualquer outro dirigente estrangeiro e convidou a OLP a ocupar prédios que haviam abrigado, até então, os serviços diplomáticos israelenses. Houve também, nos primeiros meses da revolução, um afluxo de conselheiros políticos e militares palestinos.

Mas, apesar dessas aparências promissoras, a relação entre os dois parceiros na realidade não começava com o pé direito. Os iranianos, orgulhosos e ferozmente nacionalistas, não viam utilidade em despejar legiões de conselheiros árabes no país persa; Arafat, por sua vez, temia que se aproximar do Irã fosse aliená-lo do Iraque de Saddam Hussein, uma vez que ele já estava engajado numa queda de braço com a Síria de Assad.

Essa lua de mel com a OLP foi, portanto, de curta duração – mas o envolvimento de Teerã no conflito árabe-israelense revelou-se incessante. Iria, inclusive, representar um trunfo estratégico capital para o regime dos mulás.

O elemento inesperado, dificilmente previsível e de consequências mais decisivas foi o Irã da revolução – que de árabe não tinha nada – adotar um discurso familiar ao do nacionalismo árabe, em especial sobre a Palestina e o conflito com Israel.

Tal posicionamento daria seus frutos. A República Islâmica passaria a exercer uma influência determinante em vários países do Oriente árabe, como o Iraque ou a Síria; patrocinaria importantes movimentos armados, como Hezbollah no Líbano, Hamas e Jihad Islâmico em Gaza e os hutis do Iêmen; e contaria com uma presença significativa no Afeganistão e em várias repúblicas que haviam integrado a União Soviética.

Porém, essa curva ascendente de poder foi acompanhada, ao longo do percurso, de um desencadeamento de ódio entre os sunitas, majoritários na maior parte dos países árabes, e os xiitas, francamente majoritários no Irã. O conflito era latente havia séculos, e poderia ter permanecido assim. Conflito que, já tive a chance de dizer, não estava na ordem do dia na Beirute de minha juventude. Sem dúvida, boa parte dos xiitas libaneses viviam em zonas desfavorecidas; mas isso os incitava sobretudo a se filiarem a partidos de esquerda, junto a outros trabalhadores, e não a reivindicar seus direitos exclusivamente em nome de sua comunidade. Sei que falo aqui de uma época que passou, quando tínhamos uma percepção bem diversa da própria identidade, refletíamos de forma diferente e agíamos de acordo com outros critérios.

Desde então, o "espírito do tempo" modificou todos os comportamentos – um desvio pelo qual não se pode culpar um dos protagonistas e, ao mesmo tempo, inocentar outros. Dito isso, não há dúvida de que, ao reivindicar um papel preponderante no seio de um mundo árabe de maioria sunita – e ao apoiar-se, para adquiri-lo, em comunidades xiitas locais –, o Irã assumia o risco de incentivar reações hostis. Sobretudo da parte dos regimes que o ameaçavam – principalmente a Arábia Saudita – e também, de modo mais geral, da parte das populações sunitas, que se sentiram lesadas, intimidadas e marginalizadas pela influência crescente dos xiitas.

Mesmo entre os elementos sunitas radicais, furiosamente opostos às monarquias petrolíferas e que prefeririam vê-las varridas por uma revolução islamista, como havia sido o reinado do xá, a barreira comunitária se revelou extremamente difícil de ultrapassar. Sem dúvida, esses militantes sentiam admiração por aqueles que haviam conseguido derrubar os Pahlavis, enquanto eles mesmos continuavam impotentes diante das dinastias reinantes; mas não esqueciam que esse feito heroico fora concluído por "dissidentes". E que eles próprios tinham a fibra necessária para mostrar que os portadores da "verdadeira tradição do Profeta" poderiam fazer melhor.

9

ESSE ASPECTO DAS COISAS teve um papel inequívoco na guinada que o mundo árabe deu nas últimas décadas, cujos efeitos o mundo inteiro hoje sofre. Instaurou-se um tipo de competição entre todos aqueles que se apresentaram como porta-bandeiras da "guerra santa contra os inimigos do Islã". Entre sunitas e xiitas, como se disse, mas também entre diversas facções militantes sunitas.

Um dos exemplos mais assombrosos foi a escalada sangrenta exercida pela organização dita "Estado Islâmico", quando procurou se apropriar da liderança exercida pela Al-Qaeda no coração do movimento jihadista: o *challenger* valeu-se de atos de uma violência sem igual, especialmente degolas públicas. Queria demonstrar que estava pronto para ir mais longe no horror, muito mais longe que os outros, a fim de que os militantes mais fanáticos e os mais limítrofes se reconhecessem e viessem se juntar à organização.

Por mais demencial que seja, tal comportamento tem sua própria racionalidade maquiavélica. Não é assim que opera o mecanismo das rivalidades? Quando um "competidor" vai longe demais na audácia ou na crueldade, seus rivais não podem mais segui-lo, e são obrigados a deixar-lhe o campo livre.

Evoquei aqui um caso extremo, um dos mais revoltantes, mas é apenas um episódio entre outros de um torneio longuíssimo e extremamente perverso.

Um exemplo mais antigo desse gênero de competição ocorreu nas últimas semanas de 1979 – sempre aquele ano! Em 4 de novembro, um domingo, centenas de estudantes iranianos invadiram a embaixada americana em Teerá, onde fizeram cinquenta e dois reféns e empreenderam uma "ocupação revolucionária" do local. Dezesseis dias depois, na terça-feira, dia 20, centenas de jihadistas sunitas sauditas invadiram a mesquita de Meca.

Se o primeiro exemplo era sem precedentes, o segundo era ainda mais inaudito. Um comando armado que penetra no lugar mais sagrado do Islã! E que reclama a aplicação da *charia*, quando o reino vaabita era, aos olhos de todo o mundo, o próprio exemplo do país apegado à lei religiosa mais rigorosa! De resto, não se tratava de um simples pelotão que teria enganado a vigilância dos guardas: estava-se em presença de um verdadeiro e compacto exército, com seus veículos e equipamento pesado de praxe!

Mais surpreendente ainda foi a atitude das autoridades sauditas. Esperava-se que reagissem imediatamente para restabelecer a ordem, mas elas pareciam desamparadas, paralisadas, impotentes. Tiveram que apelar a seus aliados, sobretudo o Paquistão e a França, que deslocaram para lá suas unidades de elite, para aconselhar e enquadrar as forças locais. E, finalmente, após duas semanas de uma autêntica batalha campal, a mesquita foi retomada. Estimam-se os mortos em aproximadamente trezentos. Sessenta e oito rebeldes foram capturados, depois decapitados.

O incrível ataque contra esse local santo foi o ato de nascimento de uma militância sunita radical da qual se ouviria falar durante décadas. De imediato, alguns admiradores do audacioso comando, feridos por seu fracasso, foram continuar seu combate longe da

Península Arábica. No Afeganistão, por exemplo. E as autoridades sauditas, preocupadas em se livrar dos rebeldes, incentivaram essa derivação. Foi, em especial, o caso de Osama Bin Laden: na época, ele já se dedicava à construção da poderosa rede jihadista global que um dia levaria o nome de Al-Qaeda, "A Base", e que ficaria conhecida por uma série de atentados espetaculares, culminando com o ataque contra as Torres Gêmeas de Nova York em 11 de setembro de 2001.

Uma outra consequência maior dos eventos de Meca foi a de ter desnorteado a Arábia Saudita, levando seus dirigentes a modificar radicalmente seu comportamento em matéria religiosa. Alguns observadores que se interessam de perto pela história do reino falam de um "trauma de 1979", a partir do qual o regime, temeroso de aparecer como excessivamente brando na defesa da fé, teve de redobrar os esforços para propagar mundo afora o wahabismo e o salafismo, sobretudo por meio da construção de mesquitas e do financiamento de associações religiosas, de Dakar a Jacarta, e também no Ocidente... Até mesmo a denominação do rei mudou: deixou-se de dizer Sua Majestade – a majestade ficando reservada ao Criador – para designar o monarca, em todos os atos do governo e nas mídias oficiais ou oficiosas, como "o servidor dos dois lugares santos", Meca e Medina.

Sem dúvida, o reino esperava adquirir, dessa maneira, um "certificado" de devoção que o preservaria de convulsões. Mas não foi assim que as coisas se passaram. É ilusório pensar que, ao se mostrar radical, calam-se os radicais. É sempre o oposto que se produz. Um sistema como o da Arábia, que o resto do mundo considera estritamente tradicionalista, sempre dá origem, em seu núcleo, a correntes que se apoiam em suas profissões de grande ortodoxia para julgá-la insuficientemente islâmica. O ensinamento que esse sistema propaga só faz legitimar uma visão de mundo que outros anseiam fazer voltar-se contra ele.

A monarquia saudita encontrava-se, por dezenas de anos, prisioneira da retórica que ajudara a disseminar e da qual era difícil fugir sem pôr em risco os próprios fundamentos sobre os quais o reino se erguera. O trauma causado pelos episódios sangrentos de 1979 iriam se revelar perenes.

*

Os "estudantes revolucionários" que invadiram a embaixada americana em Teerã tiveram um destino bem diferente dos homens que atacaram a grande mesquita de Meca. Se se absteve de apoiar publicamente sua ação, o aiatolá Khomeini evitou cuidadosamente condená-los, e chegou a mostrar simpatia por eles ao qualificar o prédio ocupado de "ninho de espiões". Longe de serem castigados, os estudantes viraram heróis, e muitos deles assumiram postos importantes. A atitude do guia da revolução nesse processo decepcionou profundamente Yazdi e Bazargan, que imediatamente deixaram o poder. Sua partida marcava o fim das ilusões para todos os que haviam acreditado numa evolução liberal e democrática da República Islâmica.

A ocupação da embaixada persistiu durante cerca de quinze meses e influenciou de maneira significativa a campanha presidencial em curso nos Estados Unidos. Humilhados pelas imagens de seus diplomatas de mãos atadas e olhos vendados, os americanos acusaram Carter de não ter sabido reagir – sobretudo quando uma tentativa de libertar os reféns por meio de uma operação de comando foi abortada de maneira lamentável. O candidato republicano, Reagan, teve bons motivos para denunciar a fragilidade e a incompetência da administração democrata.

O drama da embaixada contribuiu indiscutivelmente para a derrota esmagadora que sofreu o presidente em fim de mandato. A tal ponto que houve alegações persistentes segundo as quais enviados de Reagan teriam participado, em Paris, de negociações com representantes iranianos, para pedir-lhes que retardassem a resolução do conflito até depois das eleições.

Os historiadores debaterão ainda por muito tempo, na tentativa de determinar o que realmente se passou. No entanto, as autoridades iranianas, como se quisessem dar credibilidade a essas hipóteses, decidiram anunciar a libertação dos reféns no mesmo dia em que Reagan assumiu suas funções, exatamente 20 de janeiro de 1981, enquanto acontecia, em Washington, a cerimônia de posse.

O novo governo, aliás, não se mostrou verdadeiramente hostil em relação à República Islâmica. Um enorme escândalo estourou, inclusive, durante o segundo mandato de Reagan, quando o Congresso descobriu que a Casa Branca financiava a guerrilha antissandinista da Nicarágua com dinheiro obtido da venda ilegal de armas aos Pasdarans, o Exército dos Guardiães da Revolução Islâmica. Se a operação, batizada "Caso Irã-Contras" ou "Irangate", era cínica, perversa e altamente tortuosa, seria imprudente concluir que havia uma cumplicidade ativa entre as "revoluções conservadoras" de Washington e de Teerã. Parece-me mais razoável enxergar aí uma convergência pontual, nascida das limitações do momento. Era uma outra época, com um ambiente internacional diferente, outras relações de força, outras prioridades. Aos olhos de Reagan, o principal adversário continuava a ser o comunismo, todos os outros conflitos parecendo secundários e efêmeros.

Mas a explicação serena que acabo de dar não é unânime. Muitas mentes do mundo árabe, sobretudo entre os sunitas, acreditam, como uma verdade revelada, na tese de conspiração entre a República Islâmica e os Estados Unidos. Ainda que em Teerã escutemos diariamente os gritos de "Morte à América!", e mesmo se Washington acusa o governo iraniano de "patrocinador" de todos os terrorismos, alguns continuam convencidos de que laços subterrâneos inconfessáveis existem entre os xiitas e os EUA.

Tal suspeita data da Segunda Guerra do Iraque, em 2003. Os sunitas do país acusaram seus rivais de tê-los cassado do poder com a cumplicidade dos invasores americanos. E lançaram-se, imediatamente – sob a égide de um jihadista jordaniano chamado "Al-Zarqawi", que fizera sua estreia no Afeganistão –, numa campanha de atentados em massa contra alvos xiitas, principalmente mesquitas, cortejos de peregrinos e reuniões de fiéis.

Foi um ciclo de violência que iria ganhar, em diversos países muçulmanos, o ritmo de uma verdadeira guerra religiosa, culminando na aparição da entidade macabra "Estado Islâmico", e que iria consolidar aquele sentimento de uma regressão do mundo árabe aos capítulos mais sombrios de seu passado.

IV

Um mundo em decomposição

We were made to understand it would be
Terrible. Every small want, every niggling urge,
Every hate swollen to a kind of epic wind.

Livid the land, and ravaged, like a rageful
Dream. The worst in us having taken over
And broken the rest utterly down.

Fizeram-nos compreender que as coisas seriam
Terríveis. Cada pequeno querer, cada ínfima vontade,
Cada fúria vertida num vento épico.

Lívida a terra, e devastada, como um raivoso
Sonho. O pior em nós tendo assumido o controle
E demolido tudo o que restou.

Tracy K. Smith (nascida em 1972)
Wade in the Water

1

FOI DITO, AO ANOITECER do século XX, que o mundo seria desde então marcado por um "confronto entre civilizações", e, mais ainda, entre religiões. Por mais desolador que seja, tal prognóstico não foi desmentido pelos fatos. O colossal engano foi supor que esse "choque" entre os diferentes campos culturais reforçaria a coesão no núcleo de cada um deles. Foi o inverso. O que caracteriza a humanidade de nossos dias não é uma tendência a se reagrupar no seio de vastíssimas coletividades, mas uma propensão à fragmentação, à divisão, com frequência, entre violência e amargura.

A coisa é mais nítida no mundo árabe-muçulmano, que parece ter tomado para si a tarefa de amplificar até ao absurdo todos os enganos de nossa época. Se a animosidade entre esse mundo e o resto do planeta não cessa de crescer, é no seu próprio núcleo que se produzem as piores rupturas – como testemunham os inúmeros conflitos sangrentos que ali se desenvolveram nas últimas décadas, do Afeganistão ao Máli, passando por Líbano, Síria, Iraque, Líbia, Iêmen, Sudão, Nigéria ou Somália.

É, sem dúvida, um caso extremo. Não se vê, em outros "campos de civilização", os mesmos níveis de decomposição. Mas a tendência ao fatiamento e à tribalização se verifica em toda parte. Ela é observada na sociedade americana, o que levou alguns espíritos maliciosos a falarem de "Estados Desunidos". Ocorre também na União Europeia, que foi sacudida pela deserção da Grã-Bretanha e pelas crises e tensões ligadas aos movimentos migratórios. E, de maneira particularmente aguda, em alguns dos grandes e velhos países do continente, unificados depois de séculos. Outrora possuidores dos mais vastos impérios, hoje devem enfrentar – na Catalunha, na Escócia etc. – movimentos separatistas vigorosos e altivos. Sem esquecer a antiga União Soviética e outros países que abraçaram o comunismo na Europa Oriental: nove estados quando da queda do Muro de Berlim são, hoje, vinte e nove...

Com certeza não há, para essas implosões, uma explicação simples e única. No entanto, pode-se detectar, para além das singularidades locais, pulsões similares, expressamente ligadas ao "espírito do tempo". Eu destacaria que há, no seio de cada uma de nossas sociedades, como em toda a humanidade, cada vez mais fatores que fragmentam, e cada vez menos fatores que cimentam. O que agrava ainda essa tendência é que o mundo está cheio de "falsas argamassas" que, tal como o pertencimento religioso, destinam-se a reunir os homens mas, na realidade, agem no sentido inverso.

Como prelúdio à minha reflexão sobre o que foi feito da solidariedade humana, penso que devo citar uma ideia que exerce influência decisiva na mentalidade de nossos contemporâneos (embora remonte à Inglaterra do século XVIII), segundo a qual cada pessoa deveria agir segundo seus próprios interesses – a soma de todos os egoísmos atuando, necessariamente, em favor da sociedade como um todo, como se uma "mão invisível" interviesse providencialmente para harmonizar o conjunto de nossos atos: operação sutil, complexa e misteriosa, que os poderes públicos seriam incapazes de realizar – e nas quais eles fariam bem em não se meter, pois sua intervenção complicaria as coisas em vez de facilitá-las.

Formulada por Adam Smith numa obra publicada em 1776, essa ideia voltou a ser eminentemente atual a partir do fim dos anos

1970, e afeta de maneira significativa as atitudes de nossos contemporâneos. É fácil adivinhar suas implicações políticas e seu poder de sedução para todos aqueles que desconfiam do papel do Estado como regulador da economia e distribuidor de riquezas. Não é de espantar, desde então, que as cabeças das revoluções conservadoras do tipo thatcherista ou reaganiana tenham se apoderado dessas teses por conta própria, e que nelas tenham visto a base de sua visão de mundo.

Tal abordagem pode parecer um tanto nebulosa para espíritos racionais. Pela lógica, a teoria da "mão invisível" deveria mesmo ter caído há muito tempo no esquecimento, exceto, talvez, para os que se interessam pela história das ciências econômicas – ou, no caso, à sua pré-história. Não foi o que aconteceu. A intuição imagética de Adam Smith resistiu ao tempo e ao escárnio de seus detratores: o fascínio que exerce é bem maior hoje que há duzentos e cinquenta anos.

Essa longevidade se explica, antes de tudo, pelo fracasso abissal do modelo soviético, que deu extremo valor ao caráter "científico" de seu socialismo, destinado a demonstrar que só os poderes públicos estavam à altura da missão de racionalizar os processos de produção e de distribuição. Mas o que ele provou foi o inverso: quanto mais uma economia era centralizada, mais seu funcionamento se tornava absurdo; quanto mais ela procurava gerar os recursos, mais ela originava a miséria.

Daí resulta que tenha sido o "socialismo científico" a cair no esquecimento da História, enquanto a "mão invisível" voltou ao pódio, mais verossímil e mais legítima que nunca. A ponto de ser reivindicada pelos militantes conservadores como o princípio fundador de seu engajamento. O caráter misterioso e de certa forma irracional dessa noção se revelou atraente: muitos perceberam, nele, um efeito, uma dimensão espiritual, como uma sanção divina ao funcionamento do capitalismo contra o intervencionismo "ateu".

*

Os preceitos de Adam Smith contribuem hoje, mais que no passado, para moldar nosso mundo. E não somente no que se refere ao papel do Estado na vida econômica: a crença em uma "mão invisível" tem consequências em vários outros campos.

É fácil compreender, por exemplo, que as pessoas que desconfiam de seu próprio governo desconfiem ainda mais das instâncias internacionais. É a mesma disposição de espírito que opera em ambas. Quem não quer que o poder público intervenha na vida econômica da nação não irá querer, *a posteriori*, que uma autoridade internacional tenha o poder de ditar normas. Para quem julga que há "governo demais" em seu próprio país, é normal rechaçar tudo o que se pareça com um "governo global", como as Nações Unidas; ou, em se tratando da Europa, a um "governo continental" como aquele sediado em Bruxelas.

Da mesma maneira, irão desconfiar automaticamente das Cassandras que preveem catástrofes globais e reivindicam, para enfrentá-las, uma solidariedade atuante que transcende a esfera nacional. Sem querer me deter aqui sobre o debate climático, parece-me útil sublinhar que o ceticismo, nesse campo, procede de uma disposição de espírito similar. Os que são hostis a toda governança global tenderão a privilegiar os argumentos que põem em dúvida a realidade do aquecimento climático e a responsabilidade das atividades humanas em tais perturbações. No sentido inverso, os que confiam nas instâncias internacionais tendem a confiar nos números mais alarmantes.

Tendo enfatizado a resiliência e a espantosa longevidade da doutrina inspirada por Adam Smith, devo acrescentar que sua capacidade de sair vitoriosa do duelo com o marxismo não significa que ela seja uma resposta adequada aos desafios que o mundo de hoje apresenta.

Que o intervencionismo socialista tenha sido uma falsa boa ideia não implica, forçosamente, que a "mão invisível" represente a solução providencial para todos os males atuais e vindouros. Pode-se seriamente considerar, por exemplo, que em matéria de meio ambiente, basta que cada um faça o que parece ser de seu interesse para que o resultado seja positivo para o país e, via de regra, para o planeta inteiro? A resposta é, evidentemente, negativa; no entanto, alguns parecem acreditar nisso, em especial nos Estados Unidos.

E, nas relações entre as nações, basta que cada uma aja segundo seus próprios interesses, suas próprias ambições, para que vejamos a humanidade inteira avançar rumo à paz e à prosperidade? A essa pergunta, também, a resposta deveria ser negativa. Mas cidadãos que desconfiam das "ingerências" de seu próprio Estado em seus assuntos desconfiam ainda mais de tudo o que se assemelhe a uma governança mundial, ou supranacional.

Se insisto nesses fatos, é porque me parece desconcertante que em nosso mundo globalizado, onde as imagens, as ferramentas, as ideias e também os males e as febres se propagam à velocidade da luz, a ideologia prevaleça e fixe normas fundadas sobre o egoísmo sagrado dos indivíduos e de suas "tribos" – nações, etnias, comunidades de todos os gêneros.

É bem visível o percurso histórico que levou a tais atitudes. Mas pouco se pode fazer além de temer a confiança excessiva conferida à "soma algébrica" de nossos egoísmos planetários. Trata-se aqui, nitidamente, de um desvio rumo à irracionalidade e a um tipo de pensamento mágico, que desvela uma profunda perplexidade face à complexidade do mundo. Ao nos sentirmos incapazes de encontrar soluções adequadas, desejamos crer que elas virão de si mesmas, como por milagre, e que basta ter fé na mão invisível do Céu, ou do destino – o que não traz bons presságios, desconfio, para as décadas que virão.

2

OUTRA CARACTERÍSTICA AFLITIVA de nossa época, que se apoia na mesma visão de mundo, é a legitimação das disparidades, por mais atordoantes que sejam.

É verdade que poucas pessoas ainda consideram como um objetivo razoável a igualdade efetiva entre todos os humanos. No entanto, a noção em si, mesmo capenga, mantinha-se até recentemente como referência moral simbólica, e as pessoas se abstinham, em todo caso, de fazer o elogio das desigualdades. Sabiam que estas eram inevitáveis, mas tratavam de não aplaudi-las. Seria possível fazer uma constatação semelhante sobre o desemprego: faz tempo que ninguém crê no pleno emprego – mas, antes, não se viam as bolsas mundiais saudarem, com uma onda de aquisições, as companhias que realizavam demissões em massa.

Foi isso que mudou com o novo espírito do tempo. Mesmo em minha pátria de adoção, a França, onde se continua a invocar o princípio da igualdade, contempla-se, agora, o enriquecimento abusivo com mais fascínio que horror; e, se ainda é possível se escandalizar com os lucros de certos dirigentes de empresas, isso quase não ocorre diante dos ganhos de jogadores de futebol, atores ou vedetes da canção. Atitude ainda mais patente em países como Rússia ou China, onde um igualitarismo de fachada serviu, por muito tempo, para esconder a injustiça e a tirania.

Quando vemos espalhar-se nas mídias, como ocorre sempre, uma lista das maiores fortunas comparadas ao que possui o resto da humanidade, a coisa não provoca nenhuma reação de ira. Ninguém mais espera um levante dos "condenados da terra" – e seria, aliás, medonho se eles se rebelassem um dia e fizessem tábula rasa do passado, como nos versos da *Internacional*. Uma revolta assim só poderia terminar num gigantesco banho de sangue e numa orgia de destruição. Não é, com certeza, o que desejam aqueles que cultivam ainda um ideal de progresso, de liberdade, de decência, ou mesmo de igualdade. Se as disparidades de nossos dias são tão preocupantes, não é porque elas arriscam produzir rebeliões planetárias. É porque o desaparecimento da bússola moral que representa o princípio de igualdade contribui, em cada um de nossos países, e para a humanidade inteira, à desagregação do tecido social.

Essa constatação parece evidente para os que seguem, dia após dia, a marcha do mundo, mesmo que não seja fácil apoiá-la com argumentos probatórios. Como provar que, em tempos nos quais o enriquecimento escandaloso fascina e faz sonhar, é inevitável que a corrupção se propague nas classes dirigentes e no conjunto da sociedade? Que quando o egoísmo dos indivíduos e dos clãs é justificado, legitimado ou até considerado como um instrumento da Providência, os laços de solidariedade entre os diferentes componentes da população se tensionam? Que quando os "ricos e os célebres", mesmo aqueles que são bandidos, são erguidos como modelos, é toda a escala de valores que se vê desacreditada?

La Fontaine ilustrou, em *A cigarra e a formiga*, o que era a moral de seu tempo e que parecia ter uma qualidade universal e perpétua: o trabalho minucioso, aplicado, diário, era um valor seguro, no qual a cigarra deveria ter se inspirado em vez e cantar "todo o verão".

Na fábula, a formiga tinha o papel heroico. Sua assiduidade no trabalho, ao longo da estação, lhe acarretava a aprovação de todos e punha os galhofeiros do seu lado: "Você canta? Ah, que maravilha!, zomba a formiga. Então, dance agora!". A cigarra estava, digamos, na lama. Em nossos dias, o que se vê é o inverso: as formigas são ridicularizadas e desdenhadas. Os jovens que viram seus pais dando duro toda a vida, de manhã à noite – sem nunca chegar a uma estabilidade material nem integrar a classe média, e menos ainda sair do anonimato – sentem por eles mais pena que estima. Nada os incentiva a seguir seus exemplos. Ao contrário, incita-os a afastar-se deles. Preferem imitar aqueles que "venceram", os que enriqueceram, mesmo por meio de negociatas ou sórdidas operações. Querem ganhar, não importando por que meios, seus quinze minutos no paraíso da notoriedade.

Nunca é demais dizer que tipo de perturbações pode provocar, entre uma população, a inversão de modelos, quando se passa a admirar o que antes era julgado censurável, e a desprezar o que era considerado exemplar. Seriam realmente necessárias longas demonstrações para compreender que um bairro onde traficantes são mais admirados que professores se torna um foco de decomposição social? Quando uma sociedade inteira se encontra em estados de espírito como esses, e quando as atividades financeiramente lucrativas são mais valorizadas que as socialmente úteis, as consequências, devastadoras, são impossíveis de controlar. E o comportamento do cidadão, em seu conjunto, é afetado...

*

Como muitos dos que trabalham com arte ou literatura, sinto-me tão próximo da formiga quanto da cigarra. Abstenho-me, portanto, de considerar a atividade de uma mais recomendável que a da vizinha. Meu principal temor é ver os fatores que fragmentam as sociedades humanas ganharem a dianteira sobre os que servem para cimentá-la.

Evoquei, nas primeiras páginas deste livro, o paradoxo perturbador de um mundo que não cessa de progredir nas ciências, na inovação tecnológica, no desenvolvimento econômico, mas que, em outros campos essenciais – especialmente em tudo o que se refere às relações entre as diferentes comunidades humanas –, empaca ou parece regredir.

Vemo-nos bem no centro desse paradoxo ao examinarmos os efeitos causados nas últimas décadas pelas doutrinas econômicas, sociais e políticas fundamentadas na "mão invisível". Por um lado, elas liberaram as energias, estimularam as trocas e aceleraram a inovação. Ao mesmo tempo, seu menosprezo pelo papel regulador dos poderes públicos e sua glorificação do enriquecimento excessivo minaram a própria ideia do interesse geral, e fragilizaram os elos entre cidadãos.

Essa outra face da moeda me parece incontestável e de pesadas consequências, mesmo sendo difícil de delimitar. Como calcular, num país, a perda do senso cívico? Como mensurar o afrouxamento ou o estreitamento das relações entre os diversos estratos de uma população? Como provar que existe uma ligação entre a desconfiança contra as autoridades públicas e o crescimento do comunitarismo, da violência ou da corrupção? Estamos, aqui, no terreno do intangível e do incalculável. De nada serviria reunir números e fatos.

Mesmo assim, meu sentimento é de que o desvio pelo qual passa a humanidade deve muito às mudanças introduzidas pelas revoluções conservadoras na maneira de perceber o papel dos poderes públicos.

A fim de explicitar meu pensamento, começo por perguntar: o que é que cimenta as sociedades humanas? O que dá às pessoas ou aos grupos o desejo de viverem juntos, a vontade de pertencer a uma mesma coletividade, a uma mesma nação? Esse não é um questionamento puramente retórico. Interrogo-me com sinceridade e não tenho opinião formada. Muitos fatores podem amalgamar os cidadãos de um país: o sentimento de ter um futuro comum, ancestrais comuns, valores comuns, ou até um inimigo comum... A lista não é longa e varia de acordo com a época.

Uma das características deste século é justamente que ele possui cada vez menos fatores que unificam. Eu acrescentaria: sobretudo quando se trata de nações plurais. Mas a ressalva é supérflua. Plurais são todas elas, ainda que algumas o admitam com mais boa vontade que outras. E todas, portanto, penam para tecer laços sólidos entre pessoas, famílias e comunidades com interesses diferentes entre si.

As receitas tradicionais que formaram as nações no curso dos séculos não servem muito mais nos dias de hoje. Se não temos ancestrais comuns, não podemos inventá-los, peça por peça. E se não existe um "romance nacional" aceito espontaneamente por todos, não se pode, tampouco, impor-lhes um. Nem mesmo os valores comuns têm, hoje, o antigo papel de "cimento". Adoraríamos que tivessem, fingimos que têm – infelizmente, uma ficção indulgente, e não o reflexo da uma realidade.

Vemo-nos, mundo afora, desprotegidos, desamparados, dissertando sobre integração, sobre inclusão, sobre as virtudes da diversidade, enquanto a solidariedade mais abrangente vai se desfiando, e voltamos – retrocesso, de novo? – à solidariedade inata. Esta é ao mesmo tempo mais visível e mais visceral, e não necessita de nenhuma liberdade de escolha. Basta que cada um siga sua inclinação, como convida o "espírito do tempo".

Podemos alinhar tantos exemplos! Eu me contento com o das tensões raciais nos Estados Unidos. Seria justo pensar que, após tantos avanços em matéria de direitos civis – sobretudo após a forte simbologia que representou a eleição de Barack Obama à presidência –, tais tensões se atenuariam. Foi o oposto: elas se tornaram mais tóxicas.

É lógico que os americanos de origem anglo-saxá, hispânica ou africana não se reconhecem pela mesma ancestralidade. Mas seria de se esperar que partilhassem, a esta altura, uma mesma visão da nação e um destino comum. É claro, porém, que não estamos indo nessa direção. Poderia ter sido diferente? É uma aberração supor que as tensões raciais fossem menores se não tivéssemos deixado o espaço livre para desigualdades? E se Reagan não tivesse declarado guerra ao *welfare state* e à mítica *welfare queen*?[9]

A maneira como lancei essa interrogação trai minha convicção íntima. Efetivamente, sou destes que acham que, quando se investe com inteligência na harmonização social, atenuam-se as diferentes tensões entre os diversos componentes de uma nação. Não resisto à tentação de repetir aqui o que já disse sobre Mandela e sua maneira de remediar as tensões raciais em seu país: pode acontecer de a generosidade ser a solução menos pior, e de uma boa ação ser também um bom negócio.

O zelo da objetividade me conduz, porém, a acrescentar que, até hoje, a História ainda não se decidiu. Nem sobre a questão espinhosa das relações raciais na África do Sul ou nos Estados Unidos, nem sobre esta outra questão, mais abrangente e já muito antiga: o papel que os poderes públicos deveriam ou não ter na distribuição de riquezas. Não sou insensível ao argumento dos que se insurgem contra o aumento contínuo dos impostos e das taxas. No entanto, parece-me que o Estado possui uma missão sutil, fugidia e, no entanto, insubstituível. Ele contribui, de mil maneiras, para estabelecer elos, o que fortalece a sensação de pertencimento comum; quando é sistematicamente difamado, torna-se incapaz de cumprir tal missão.

Daí que, se é razoável admitir que o Estado, como disse Reagan, pode, às vezes, ser "o problema", é bem legítimo perguntar se a ausência do Estado não é, às vezes, um problema ainda mais grave.

---

[9] Estado de bem-estar social, nos EUA, ou seguridade social, na França. Designa políticas públicas em que o Estado proporciona os serviços básicos à população, como educação, saúde, moradia, proteção à renda etc. [N.T.]

3

ALÉM DO QUESTIONAMENTO sobre o papel do Estado, mencionei, entre as múltiplas transformações de peso trazidas pelas revoluções conservadoras, a exacerbação crescente dos sentimentos identitários. Penso que o efeito conjugado desses dois elementos explica, em grande parte, os descaminhos da humanidade neste século.

No caso do primeiro, seu impacto é difícil de captar, como já vimos. No caso do segundo, é o oposto: os danos são visíveis a olho nu. As ondas identitárias envenenaram a atmosfera do planeta (no sentido geral) e de cada sociedade (no sentido particular). A violência daí resultante espoca diariamente diante de nossos olhos. Já o discurso subjacente que a sustenta, de certa forma, "embaralha as pistas": fala constantemente em solidariedade, fraternidade ou reparação de injustiças, mas sempre é possível identificar, para além das palavras agregadoras, seus efeitos perversos.

É a isso que eu me referia quando falei dos fatores que realmente cimentam as sociedades humanas, em oposição aos que, embora se destinem a fazê-lo, não o cumprem. É certo, por exemplo, que o pertencimento religioso é constantemente invocado nos discursos identitários, e se mostra perigosamente eficaz em instalar no espírito dos correligionários uma clara distinção entre "nós" e "os outros". Mas, visto de perto, raramente representa um fator de coesão. Nem mesmo entre os fiéis. Isso é particularmente verdadeiro quando se trata das grandes religiões planetárias. Quanto mais se espalham, conquistam e convertem, menos são capazes de costurar laços políticos sólidos entre seus adeptos. No máximo, chegam a favorecer certas afinidades culturais. Mas a solidariedade forte é, em geral, prerrogativa das pequenas comunidades, que, sentindo-se vulneráveis, experimentam a necessidade de formar blocos. O que lhes assegura muitas vezes uma influência desproporcional à sua importância numérica.

Quantas vezes ouvimos que essas comunidades têm um papel maior "apesar de serem minoritárias". Seria mais exato dizer que elas prevalecem "porque são minoritárias". Como já bem notava o historiador Ibne Caldune, no século XIV, "o espírito de clã" paira mais facilmente sobre grupos restritos. Reforça sua coesão e lhes garante, às vezes, uma vantagem decisiva nas relações com os outros. Um dos casos mais conhecidos de nossos tempos é o dos alauítas da Síria, dos quais se originou a família Assad: homens pertencentes a essa comunidade conseguiram assumir o controle do Exército nos anos 1960, tomar o poder e conservá-lo indefinidamente. Fenômeno comparável se passou no Iraque com o clã sunita árabe que originou Saddam Hussein: foi preciso uma invasão maciça de tropas americanas para desfazer seu domínio.

Uma coesão tão forte só pode existir no seio de uma comunidade compacta. Não seria concebível num conjunto mais vasto, e, menos ainda, nos imensos "espaços de civilização" que correspondem às religiões planetárias – o cristianismo, o islã ou o budismo –, cujos fiéis são majoritários em inúmeros países e que representam, as três somadas, mais da metade da população mundial.

Devido à sua prodigiosa expansão, elas se implantaram em sociedades muito diferentes, em cujo interior se encontram enormes disparidades em termos de línguas, tradições culturais e sistemas políticos ou familiares; sociedades que por vezes têm, entre si, disputas territoriais, conflitos de interesses, ou, simplesmente, animosidades confusas cujas razões se perdem na noite do tempo; sociedades nas quais, ao brandir da flâmula religiosa, os conflitos não se resolvem: ao contrário, se agravam.

Um exemplo disso me soa bastante eloquente. Em 1974, as autoridades britânicas decidiram conceder a independência ao subcontinente indiano, dividindo-o em dois grandes Estados: aos hinduístas, a Índia; aos muçulmanos, o Paquistão.

Para os primeiros, até que foi um bom negócio. O hinduísmo, mesmo que reúna mais de um bilhão de adeptos, continuou a ser, em essência, a religião de um só país; e, por esse motivo, um fator de relativa coesão nacional. Mas estou convencido de que a Índia teria progredido mais rápida e harmoniosamente se não tivesse havido essa dolorosa e traumática separação, até porque uma importante população muçulmana, tradicionalmente hostil ao sistema de castas, teria provavelmente abrandado o peso dos séculos. Eu não me esforçarei em demonstrá-lo, é apenas um sentimento íntimo... Aquilo que, em contrapartida, não deixa sombra de dúvida, por não ser uma intuição pessoal mas uma realidade comprovada, é que a separação foi uma gigantesca tragédia para os muçulmanos do subcontinente.

A ideia era que eles ficassem entre si, conduzindo seu próprio barco, com a ambição de se sair melhor que seu vizinho e dar o exemplo. Os pais fundadores do Paquistão, muitos deles homens de valor, estavam persuadidos de que o islã iria "cimentar" a nova nação, em cujo coração se reuniam vários povos que falavam diferentes línguas, com tradições sociais díspares – mas que tinham em comum a mesma religião.

Os mais representativos numericamente eram os bengalis, que viviam no que era, à época, o Paquistão Oriental. Mas eles se sentiam negligenciados pelo poder central, instalado no Paquistão Ocidental e dominado pelos panjabis. As tensões atingiram o paroxismo quando Bengala foi devastada, em novembro de 1970, por um colossal ciclone tropical, um dos mais mortais da História. Deixou ao menos duzentos e cinquenta mil mortos, mas o número pode ter chegado a meio milhão.

Certa de que o governo central não havia feito o que deveria para socorrer as vítimas, a província oriental entrou em rebelião e proclamou unilateralmente sua independência, adotando o nome de Bangladesh. As autoridades paquistanesas tentaram opor-se pela força, mas foram postas em xeque pelo exército indiano e tiveram que se resignar.

Viajei até o novo Estado pouco depois de sua criação. Os efeitos do ciclone ainda eram visíveis, ainda que fosse difícil distinguir entre as infelicidades causadas pelo cataclismo e aquelas provocadas pela miséria crônica. Famílias instaladas em largos canos cilíndricos estavam mais bem abrigadas que outras que viviam à beira de estradas, sem paredes nem tetos...

Mas as piores imagens que vi não foram essas. Foram as da angústia insustentável de uma etnia minoritária, os bihares. Muçulmanos que haviam migrado da província indiana cujo nome adotavam, solidamente apegados à unidade do Paquistão (que se tornara sua pátria), eles foram paladinos da luta do governo central contra os separatistas. Na hora da independência, foram tratados coletivamente como inimigos da nova nação. Mais pobres que os mais pobres – pois tudo o que possuíam lhes fora confiscado –, eles se viam trancados em prédios vazios e insalubres, à espera de que seu destino fosse decretado.

Eu disse "trancados"? Na realidade, eles não estavam, de fato, trancados. Os guardas armados nas portas é que impediam que os "patriotas", do lado de fora, viessem molestar os "traidores". Estes, por sua vez, não ousavam aventurar-se fora dos limites de seu confinamento.

Frequentemente me vejo pensando no destino nada invejável dos bihares, mesmo que outros povos tenham vindo fazer parte, desde então, da lista de vencidos e perseguidos. Cito, na mesma região da Ásia meridional, os rohingyas. Num mundo onde prevalece o fervor identitário, cada um é, necessariamente, um traidor aos olhos de alguém – e às vezes aos olhos de todas as partes ao mesmo tempo. Cada minoritário, cada migrante, cada cosmopolita, cada portador de duas nacionalidades é, potencialmente, um "traidor"...

*

Com o recuo do tempo, o exemplo paquistanês me inspira outras observações, ainda mais perturbadoras.

A primeira é que, quando se entra numa lógica de "divisão", o fatiamento tende a prosseguir sem limites. Começa-se por separar os muçulmanos dos hindus. Depois, separa-se os bengalis dos panjabis. Mas, no interior do Estado onde esses povos predominam, há outros povos ainda, que temem ser espezinhados, perseguidos e até liquidados; não deveriam, eles também, ter seus próprios países?

"Para cada pequeno peixe, há um peixe ainda menor", disse-me, certa vez, um historiador desencantado. De fato, a partir do momento em que se vê na separação uma solução adequada, o "fatiamento"[10] não tem qualquer motivo para cessar...

Segunda observação: ao se tornar majoritária num país, uma população não se torna mais tolerante – paradoxalmente, ela perde em tolerância. Digo "paradoxalmente" porque, em princípio, quem deseja se encontrar entre seus pares, é para não precisar temer a intrusão de um grupo rival; o natural seria mostrar-se mais sereno e magnânimo quando se é amplamente majoritário. Infelizmente, as coisas não se passam assim. É o contrário: enquanto as minorias conservam um peso significativo, sua sensibilidade característica é tida em conta no debate público, o que incita as forças políticas a procurar um meio de organizar a vida comum num espírito de equidade e harmonia. Inversamente, quando as comunidades minoritárias

---

[10] No original, *saucissage*. [N.T.]

se tornam insignificantes – a única opinião que conta é a do grupo majoritário –, entra-se numa lógica bem diferente: a dos excessos desmedidos.

Todos os países que instauram um sistema comunitarista acabam caindo nesse desvio. Mas, no Paquistão, o fenômeno atingiu um paroxismo ultrajante, um desencadeamento de intolerância raramente observado em outras partes. Todas as minorias, ali, são perseguidas e humilhadas, e todos os que tentam defendê-las ou trazer à vida pública um pouco de razão e de serenidade submetem-se à mesma sorte.

A homogeneidade é uma quimera custosa e cruel. Paga-se caro para alcançá-la, e, se jamais conseguimos, pagamos ainda mais caro.

Minha terceira observação se baseia nas duas primeiras, ampliando um pouco sua proposta. Pergunto-me se a desorientação da espécie, tal qual constatamos hoje, não se deve em parte a esta detestável mania que adotamos a partir do século XIX: dividir os conjuntos que reúnem várias nações, fazendo-as viver separadamente.

Ocorre-me, mesmo, pensar que a teoria segundo a qual os impérios são "prisões para os povos" – das quais eles devem se libertar para começar a viver "em casa", sob seu próprio governo, no interior das próprias fronteiras – não seria a mais mortífera dos tempos modernos.

Penso, sobretudo, no destino de duas grandes entidades pluriétnicas que foram fatiadas depois de terminada a Primeira Guerra Mundial: o império austro-húngaro, cujo desmonte fez dezenas de milhões de vítimas e favoreceu a ascensão das piores tiranias, e também o império otomano, cujo desmembramento prossegue ainda em nossos dias, fazendo planar sobre a humanidade inteira o espectro do terror e do retrocesso.

Isso não quer dizer que eu sinta nostalgia por esses impérios. Meu sonho não é, de maneira alguma, vê-los restaurados. Nem o dos Habsburgos, nem o dos tzares, e muito menos o dos sultões. O que eu lamento é o desaparecimento de certo espírito existente no tempo dos impérios, que considerava normal e legítimo que povos vivessem dentro de uma mesma entidade política sem necessariamente ter a mesma religião, a mesma língua ou a mesma trajetória histórica. Jamais deixarei de combater a ideia segundo a qual as populações que adotam línguas e religiões diferentes deveriam viver separadas uma das outras. Jamais chegarei a admitir que etnia, religião ou raça sejam fundamentos legítimos para construir nações.

A quantas falências lamentáveis, a quantas carnificinas e "purificações" será necessário assistir ainda antes que esse tratamento bárbaro das questões identitárias deixe de ser considerado normal, realista e "conforme a natureza humana"?

4

AO LONGO DESTES capítulos, já expus meus lamentos, meu pesar, minha nostalgia ou minha melancolia. Na hora de fazer balanços, tais noções sempre vêm à alma, e não podemos nos impedir de lidar com elas mesmo que, muitas vezes, as saibamos inadequadas e impróprias, ou completamente irracionais. Quantas vezes lamentei a desaparição de um "paraíso terrestre" que não conheci! Quantas vezes experimentei embaraço, e até uma pontada de culpa, por comportamentos que tiveram lugar bem antes de eu nascer! – como se, ao recolher a herança moral dos que me precederam, eu devesse assumir também suas ilusões, seus desencantos e seus desvarios.

Foi para evitar cair continuamente nessas armadilhas que criei o hábito de dedicar a todas as tragédias que afetaram minha própria época e minha própria existência um mesmo vocábulo, por mais inócuo que seja: o da "tristeza" – às vezes no plural, para agrupar sentimentos difusos com reminiscências distintas.

Minhas tristezas contam todas a mesma história: a de uma grande esperança que termina sendo desfeita, traída, desvirtuada ou fulminada. Tristezas sucessivas pelos dois paraísos de minha infância: o de minha mãe e o de meu pai. Tristeza pelos povos do Levante, todos, sem exceção

– aqueles destinados a serem "os outros", e aqueles destinados a serem "os meus". E que submergem no mesmo pântano enquanto proferem as maldições mútuas de costume. Tristezas recorrentes pelas sociedades árabes que, uma ou duas vezes por geração, tentam alçar voo, ganham alguma altitude, depois caem violentamente por terra como falcões de asas quebradas. E tristeza também pelos ideais gerais que animaram minha juventude e, no crepúsculo de minha vida, são maltratados e desprezados: a universalidade, o sentido ascendente da História, a convergência de valores e a dignidade equânime dos humanos.

Uma de minhas grandes tristezas de hoje tem a ver com a Europa. Quando falo dela, respondem-me que sou exigente demais. Que deveria me ater ao que o continente foi durante séculos, até uma data não tão distante assim: um campo de confrontos entre nacionalismos desenfreados e terreno de experimentação para as piores barbáries... Ora, essas páginas sombrias já não foram viradas, e para sempre? Atravessamos hoje a fronteira franco-alemã sem perceber, como se estivéssemos ainda no mesmo país e nunca tivesse havido disputas sangrentas pela Alsácia-Lorena! Em Berlim, passamos de um bairro do Oeste a um outro, do Leste, sem prestar atenção ao traçado do antigo Muro. Em que outra parte do mundo vivenciamos algo parecido? Certamente, não na minha região natal, que seguiu, por sua vez, o caminho inverso, a ponto de muitas de suas terras e de suas cidades – que eu podia, quando jovem, percorrer sem grandes riscos – se tornarem impraticáveis.

Eu não queria, assim, minimizar os progressos notáveis conquistados pelos europeus desde o fim da Segunda Guerra Mundial. Eu os aplaudo do fundo do coração. Mas não posso negar que sou tomado, hoje, por certa desilusão. Esperava outra coisa de meu continente de adoção: que oferecesse à humanidade inteira uma bússola; que a ajudasse a não perder o rumo; que a impedisse de se decompor em tribos, em comunidades, em facções e em clãs.

Quando contemplo as turbulências deste século, por vezes lamento a não existência de uma autoridade política e moral à qual meus contemporâneos pudessem recorrer com esperançosa confiança; que, carreando valores universais, fosse realmente capaz de influenciar a marcha da História. E quando percorro o mundo com o olhar e pergunto, com angústia, quem poderia hoje assumir missão semelhante, só mesmo a Europa aparece como agente à altura. Isso se fornecesse, a si própria, os meios para tanto.

Por que a Europa? Na verdade ela não é "o candidato natural" para a missão. Pela lógica, a meta deveria ser delegada mais aos Estados Unidos da América. Eles têm há muito tempo o desejo de exercer uma liderança global, e possuem o essencial das qualidades demandadas. Os princípios sobre os quais sua União se fundou trazem, desde o começo, um inegável propósito de universalidade, e sua composição étnica reflete a diversidade do mundo – de maneira muito imperfeita, claro, porém mais pronunciada que a de outros grandes países. Acima de tudo, eles se alçaram, durante o século XX, ao primeiro lugar entre as potências em todos os aspectos: produção industrial, força militar, pesquisa científica, influência política e intelectual etc. Tendo vencido três confrontos planetários de grandes proporções – a Primeira Guerra Mundial, a Segunda Guerra e a Guerra Fria –, adquiriram, entre as nações, uma primazia que ninguém pode, seriamente, contestar. Pela lógica, portanto, deveriam se tornar, para a humanidade, a autoridade de referência, e por muito tempo. Mas não souberam mostrar-se à altura da missão.

O mais espantoso é que o fracasso, hoje patente, não se deve à perda de seu poderio – que, no momento em que escrevo este livro, permanece formidável –, nem à ação de seus adversários, mas à incapacidade sucessiva de seus dirigentes de assumirem de maneira coerente a supremacia que adquiriram.

*

Os inúmeros detratores do presidente Donald Trump adoram acreditar que é de seu mandato que se origina a erosão da estatura moral de seu país. De meu ponto de vista, a virada decisiva foi empreendida muito mais cedo, no momento mesmo em que a Guerra

Fria chegava ao fim. Os Estados Unidos, então, se viram numa posição que nenhuma outra nação pudera sequer almejar desde o alvorecer da História: a de única superpotência planetária. Estavam em condições de impor, sozinhos, as bases de uma nova ordem mundial; ninguém mais, em sã consciência, punha em questão seu primado.

O último dirigente da União Soviética, Mikhail Gorbatchov, resolvera engajar seu país no caminho da liberalização da economia e da política, e mostrava-se pronto a abandonar o império que Stálin havia esculpido no Leste Europeu ao fim da Segunda Guerra Mundial. Diante dessa inesperada situação, que ultrapassava suas mais loucas esperanças, os responsáveis americanos tinham a escolha entre duas atitudes. Ou acompanhavam a evolução acionada por Gorbatchov, garantindo-lhe suporte econômico e político a fim de facilitar a difícil e corajosa transição que ele estava prestes a operar, ou aproveitavam o enfraquecimento manifesto da superpotência adversária para enterrá-la definitivamente.

Para os Estados Unidos, isso representava um verdadeiro dilema. Havia mais de quarenta anos, o país enfrentava um rival temível, que os combatera com ferocidade em todas as latitudes, e cujo arsenal militar constituía, para eles, um perigo mortal. Agora que o oponente estava no chão, deveriam ajudá-lo a se reerguer? Não seria melhor, em vez disso, valer-se da situação de momento para livrar-se de uma vez dele? Essa última opção parecia a mais realista, e foi a adotada. Nada se fez para salvar Gorbatchov. Deixou-se a União Soviética se dissolver. Depois, tratou-se de desmembrá-la. Muitas de suas ex-repúblicas se integraram à OTAN, apesar dos veementes protestos de Moscou.

Em Washington, algumas vozes se elevaram para dizer que esse era um passo em falso. A mais notória foi a de George F. Kennan, um velho diplomata unanimemente respeitado, a ponto de ter se tornado uma lenda viva e um ícone. Foi ele que, nos anos 1940, preveniu a América, ainda ingênua em relação a seu aliado soviético: que não se mostrasse confiante demais, pois um confronto severo e de longa duração entre os dois campos mundiais estava prestes a ocorrer; foi ele, também, que, pela primeira vez, destacou a necessidade de criar um dispositivo destinado a barrar a União Soviética – ou, para retomar o anglicismo que prevaleceria, a "contê-la" – militar, política e ideologicamente, a fim de limitar sua expansão. Por esses motivos, todos reconheciam, nele, um papel decisivo na vitória do Ocidente, coroada em 1989 pela queda do Muro de Berlim. O homem era festejado em toda parte como um dos principais arquitetos da estratégia vencedora e como modelo de lucidez e tenacidade.

Agora que a vitória que queria tinha sido alcançada, Kennan dizia a seus compatriotas, em particular aos tomadores de decisão que o consultavam, em síntese, o seguinte: "Não nos esqueçamos da razão pela qual fomos à luta! Queríamos fazer triunfar a democracia sobre a ditadura e conseguimos. Devemos aprender com essa vitória. Não podemos continuar a tratar nossos inimigos do passado como se devessem continuar inimigos para sempre!". O que caracterizava o velho diplomata era que sua aversão militante pelo sistema soviético se somava a um amor profundo pelo povo russo, por sua cultura, sua literatura – especialmente por Tchekhov.

Ele repetiu muitas vezes que humilhar os russos favoreceria o crescimento das correntes nacionalistas e militaristas e retardaria a marcha do país rumo à democracia. Mas não quiseram escutá-lo. Como ocorre com grande frequência, infelizmente, a magnanimidade que Kennan preconizava pareceu, na hora do triunfo, uma atitude de fraqueza e ingenuidade. A opinião que prevaleceu foi a de que o melhor era esticar ao máximo a vantagem, sem hesitar nem deixar-se amolecer por escrúpulos morais ou sutilezas intelectuais. Quando o presidente Clinton perguntou a um de seus conselheiros, em 1997, se não deveriam escutar as advertências de Kennan, ele ouviu que o ex-diplomata estava enganado, e que os russos acabariam aceitando tudo o que lhes seria imposto porque não tinham outra escolha.

Seria um erro lançar pedras nesse ou naquele presidente americano, ou em seus conselheiros, pois a missão que os estertores da Guerra Fria lhes atribuíam era árdua e delicada. Não se tratava, para eles, de endossar um papel, mas de inventá-lo, peça por peça, numa paisagem planetária inédita. Insisto nesse ponto, que me parece essencial para compreender como a grande nação americana se pôs à deriva, carregando em seu rastro toda a humanidade.

Tornar-se um tipo de potência "parental" para todos os países do mundo, guiando um, admoestando outros e tendo como inimigo apenas os inimigos do próprio gênero humano é um sonho missionário que sempre existiu entre os líderes americanos, e ele já se manifestara após a Primeira Guerra Mundial e, igualmente, ao fim da Segunda. Os Estados Unidos haviam impulsionado a reconstrução da Europa – graças ao Plano Marshall – e também a transformação do Japão numa potência pacífica e democrática.

Mas o objetivo que justificara tais esforços era precisamente o de fazer face ao desafio comunista soviético. A própria ideia de uma estratégia mundial que não focasse a luta contra um inimigo parecia absurda. Querer que todos os países do mundo se tornassem aliados ou protegidos ia na direção contrária a tudo o que se praticou em política desde o início dos tempos. É sempre contra alguém que as forças se mobilizam, que se amolam as espadas e se constroem alianças. O inimigo ameaçador é muitas vezes, infelizmente, como uma estrela polar sem a qual não se sabe mais aonde ir, nem o que fazer, nem mesmo quem se é. Não sou desses que pensam que será sempre assim, mas as coisas funcionam dessa maneira há tanto tempo que seria preciso mostrar-se inventivo e audacioso ao extremo para imaginar uma outra forma de perceber o mundo, os outros e a si próprio.

Eram precisamente essa audácia e essa inventividade o que se esperava dos dirigentes americanos ao saírem da Guerra Fria. Qual deveria ser a linha de conduta de uma superpotência que não tinha mais nenhum rival à sua altura? Como deveria se comportar diante de seus antigos inimigos? Deveria ajudá-los a se recuperar, a se reconverter? E com os antigos aliados? Deveria continuar a tratá-los como amigos e protegidos, ou ver neles, agora, os rivais comerciais que, efetivamente, eram? E com o resto do mundo? Fazer o papel da proverbial "polícia planetária", ou deixar inúmeras nações, tribos e facções se enfrentarem umas às outras à vontade? Cada uma dessas atitudes trazia vantagens, riscos e incertezas.

Passado o tempo, fica nítido que os Estados Unidos não souberam passar com sucesso no difícil exame ao qual a História os submeteu. No curso das três décadas que se seguiram ao seu triunfo e seu coroamento, mostraram-se incapazes de estabelecer sua legitimidade como "potência parental" e de preservar sua credibilidade moral – que é, provavelmente, mais baixa atualmente que em qualquer outro momento dos últimos cem anos. Seus adversários de ontem voltaram a sê-lo hoje, e seus aliados de ontem não se sentem mais, realmente, parceiros.

O atolamento moral não se deu de uma vez só, e sim após uma longa sequência de derrapagens, confusões, recuos e passos em falso, de vários presidentes sucessivos cujas escolhas políticas eram antípodas umas das outras.

Às vezes, os Estados Unidos optaram por um frenesi intervencionista, como na Guerra do Iraque, em 2003; queriam derrubar regimes, refundar nações, recompor regiões inteiras em função de sua própria visão de mundo. Em outros momentos – querendo livrar-se da tarefa por demais árdua que, imprudentemente, se haviam imposto –, mudaram da água para o vinho, prometendo não mais intervir, não mais tocar com suas botas o solo ardente e deixar as facções locais se massacrarem à vontade. Esta última atitude atingiu seu paroxismo em setembro de 2013, quando, após afirmar sem ambiguidade que o uso de armas químicas na Síria era uma linha vermelha proibida de ser ultrapassada e que resultaria numa dura reação da parte dos Estados Unidos, o presidente Obama por fim decidiu que não era interessante agir.

É de se temer que muitos dos predadores mundo afora tenham visto tal recuo como uma promessa de impunidade.

Mencionei, ao longo dessas páginas, três ou quatro episódios marcantes e poderia citar muitos outros. Como todos os meus contemporâneos, vi mobilizar-se na cena mundial, no correr das décadas, uma América de várias faces. Uma América generosa e uma América mesquinha. Uma América arrogante e uma América tímida. E também uma América ferida — num certo 11 de setembro —, à qual se tinha vontade de dizer como a apreciávamos e o quanto necessitávamos de tudo o que ela representava e proporcionara ao resto do planeta. Depois, dois anos mais tarde, por ocasião da Guerra do Iraque, a América viciosa, cínica, destruidora, insuportável. Para ser justo, devo acrescentar que esses comportamentos não teriam suscitado a mesma indignação se emanassem de outro país. Mas a questão não é essa. Não se trata, aqui, de determinar se Washington teve, diante desta ou daquela crise, um comportamento melhor ou pior que o de Berlim, de Paris, de Moscou ou de Pequim, mas de saber se os Estados Unidos se mostraram dignos de cumprir, para as outras nações, o papel de árbitro, ou de potência tutora. E a resposta a essa interrogação só pode ser negativa, lamentavelmente. O fracasso da América foi inequívoco, e, pelo que vemos hoje, dificilmente reversível.

Nesta delicada fase da história humana, sente-se a necessidade de um "comandante" que se preocupe com o destino do navio inteiro e não só do seu próprio porvir. Teria sido ao mesmo tempo risível e monstruoso se o capitão do Titanic tivesse gritado em seu alto-falante, na hora da debandada, para os botes salva-vidas:

"Afastem-se! Primeiro eu!"

5

SERIA A EUROPA capaz de assumir, melhor que os Estados Unidos, essa função "parental"? Apresentar as bases de uma nova ordem mundial adaptada às novas realidades, fixar-lhe as regras e as orientações e fazer com que fossem respeitadas no resto do mundo?

Jamais saberemos, já que o velho continente nunca se equipou dos meios para tal missão. Mas continuo convencido de que poderia ter representado, ao menos, um "copiloto" atento, capaz de apoiar lealmente a fogosa América, esforçando-se, ao mesmo tempo, em lhe acalmar os ardores.

Por que a Europa? Por diversas razões, nenhuma determinante em si. Porém, tomadas em conjunto, elas predisporiam o continente a assumir essa responsabilidade histórica com maior competência que outros.

A primeira razão é que a Europa foi o lugar de nascimento da Revolução Industrial e da civilização que a acompanhou; logo, em certa medida, a "oficina" onde se forjou a humanidade moderna.

Não tenciono desfazer do meu Levante natal, berço das mais antigas civilizações, ao reconhecer que ele herdou da Europa, nos dois ou três séculos passados, tudo o que conta em sua existência – as ideias, as ferramentas, as armas e o modo de vida.

Só evoquei "meu" Levante a título de exemplo. É para o planeta inteiro que a sociedade europeia virou referência. Pode-se, legitimamente, ficar irritado com tal supremacia, e é razoável supor que ela não será eterna. Mas ninguém pode negar que a corrente civilizatória europeia representa, hoje em dia, a norma a partir da qual todos fomos levados a nos posicionar: sua ciência virou *a* ciência, sua tecnologia, *a* tecnologia, sua filosofia, *a* filosofia; sua concepção econômica não tem rivais confiáveis, e tudo o que não foi tocado por suas graças ou suas maldições tornou-se marginal, arcaico, invisível, como que inexistente.

A proeminência que acabo de descrever pertence ao conjunto do mundo ocidental, tanto aos Estados Unidos quanto à Europa. Mas esta última possui, para cumprir um papel "parental" sobre o resto do planeta, vantagens suplementares das quais sua "grande filha" do outro lado do Atlântico não dispõe, por mais dinâmica e poderosa que seja.

Uma das grandes vantagens do velho continente é que a História incutiu em seus povos, muitas vezes pela dor, lições preciosas. Sem dúvida, esses povos conquistaram todos os territórios do planeta e os dominaram por um longo período. Mas terminaram por reavaliar os limites dessa dominação, o que os fez mais sábios, mais responsáveis – e por vezes também, confessemos, mais temerosos.

Entre a maioria dos europeus, a arrogância dos colonizadores deu lugar a uma atitude circunspecta, mais respeitosa em relação aos outros.

*

Tão importantes, a meu ver, são as lições que o continente aprendeu de suas próprias rupturas internas. Tentando superá-las, a Europa tratou de escrever uma página essencial da história humana.

Após o fim da Segunda Guerra Mundial, os que conceberam o projeto europeu entenderam que deviam, imperativamente, reconstruir o continente sobre fundamentos bem diferentes, que situassem os diversos povos acima de suas velhas disputas, e passar a viver juntos como se fossem diferentes ramos de uma mesma nação.

A ideia não era nova: havia sido expressa, século após século, por eminentes personalidades – como Erasmo ou Victor Hugo, para citar só eles. Mas há, em nossos dias, realidades específicas que dão ao projeto europeu um alcance universal.

Com efeito, o que caracteriza o planeta em nossa época é que ele se divide, como a Europa, numa multiplicidade de países independentes, tendo cada um sua história, seu romance nacional, suas línguas, suas crenças, suas referências culturais e, com frequência, também seus conflitos seculares com os vizinhos.

Tenham ou não consciência disso, todos esses países – grandes ou pequenos, ricos ou pobres – ganhariam muito se transcendessem suas inimizades e assegurassem uma presença forte no mundo, integrando-se em vastos grupos nos quais todas as nações, todas as línguas e todas as culturas preservassem sua existência e sua dignidade.

Isso supõe, no entanto, que haja um modelo no qual todos esses diversos países pudessem se inspirar. Um "projeto piloto", já em plena realização, que mostrasse de maneira concreta como romper com os comportamentos de outrora e viver sob um mesmo teto. Ora, só o projeto europeu poderia ter fornecido tal modelo, visto que ambicionava justamente reunir países que haviam guerreado ao longo de toda a sua história e procuravam, agora, moldar um futuro comum.

Se o velho continente tivesse conseguido construir seus próprios Estados *unidos*, teria mostrado à humanidade inteira que tal futuro era perfeitamente plausível, e não apenas uma utopia ou uma quimera.

É verdade que, para encarnar plenamente um modelo de referência como esse, a União Europeia deveria ter se transformado num Estado federal dotado de todos os atributos de uma grande potência global, nos campos político e militar, mas também econômico, a fim de ter um peso real na marcha do mundo, mas ela não teve a vontade necessária. Sem dúvida, os povos membros não mostraram apetite suficiente para dar cabo da missão. E, com certeza, os dirigentes das diferentes nações não queriam despojar-se totalmente de seu fio de soberania.

Para os europeus, o drama é que, no mundo impiedoso em que vivemos, um país que desiste de se tornar uma potência robusta acaba sendo atropelado, maltratado, espoliado. Não se torna um árbitro respeitado, mas uma vítima potencial e um futuro refém.

*

Daí a imensa frustração que sinto hoje, quando medito sobre o destino de meu continente de adoção. Claro, a União se fez, estendeu-se e representa um imenso progresso em comparação à época anterior. Mas é um edifício inacabado, híbrido, cuja estrutura se encontra, na hora atual, violentamente abalada.

Digo "híbrido" porque os pais fundadores não souberam escolher entre as duas vias que se ofereciam a eles: a de uma verdadeira união, plena e irreversível, a exemplo daquela dos Estados Unidos da América, ou a de ser uma simples zona de livre-comércio. Eles quiseram crer que uma decisão nesse sentido deveria ficar para mais tarde. Erraram. Aquilo que poderia ter sido decidido entre seis ou nove estados não se pode decidir entre vinte e sete ou vinte e oito. Não quando se precisa fazê-lo por unanimidade, como é o caso para todas as decisões fundadoras.

Para ser franco, pecou-se ao mesmo tempo por um excesso de democracia – ao conceder a cada Estado o direito de veto, o que impedia avanços audaciosos rumo a uma verdadeira união – e por um déficit de democracia – ao se conceder o poder a Bruxelas e a comissários nomeados pelos Estados, em vez de um governo europeu diretamente eleito pelos cidadãos da União.

Povos acostumados a uma longa prática da democracia não podem reconhecer-se em dirigentes que não receberam a unção do voto popular.

Eu teria ainda mil coisas a dizer sobre essa experiência que foi, a meu ver, uma das mais promissoras de toda a história humana, e que está em vias de se desfazer diante de nossos olhos. Aí está, repito, uma das grandes tristezas de nossa época. Mesmo que só enxergasse, dos acontecimentos do planeta, a dissolução do sonho europeu, mesmo assim eu falaria de um naufrágio...

6

TALVEZ EU TENHA abusado da metáfora marítima sugerindo que, na ausência de um "comandante" confiável para guiá-lo, o "navio" dos homens não poderá jamais evitar o naufrágio. Mil vezes previmos o apocalipse da nossa espécie, mas ela continua aqui, mais próspera, mais inventiva, mais ambiciosa que nunca e a despeito de todos os presságios destrutivos e de todas as suas extravagâncias. Será que eu não deveria acreditar, de uma vez por todas, numa "mão invisível" que, século após século, nos preserva da extinção?

Ainda que tal abordagem não represente minha visão das coisas, não posso descartá-la sem outra forma de análise. Porque ela contém, devo reconhecer, uma parcela de verdade. Como todos os que testemunharam a época da Guerra Fria, vivi durante décadas o pesadelo de uma hecatombe nuclear que diziam ser inevitável. Quantas vezes repetimos que milhares de ogivas acumuladas pelas grandes potências iriam necessariamente conduzir – pela ausência de um ser iluminado, ou por uma sucessão de derrapagens – a um confronto generalizado que destruiria todas as nossas civilizações! Só um ingênuo, dizia-se, acreditaria que a queda de braço entre os dois campos planetários iria terminar sem uma conflagração apocalíptica.

Foi, no entanto, o que aconteceu. No dia em que um desses dois protagonistas assumiu a frente, o perdedor resignou-se à sua derrota sem que um único míssil fosse lançado. Saímos incólumes do campo minado como se fôssemos guiados, sim, por uma mão invisível. Será algum absurdo, diante dos novos riscos que despontam no horizonte, confiar, mais uma vez, em nossa boa estrela?

Por muito tempo eu quis acreditar nessa versão tranquilizadora da História. E hoje, ainda, apesar de todas as minhas inquietações, parte de mim se apega a ela. Não que eu tenha uma fé cega na sabedoria humana, mas por uma razão totalmente diferente, ligada ao caráter específico de nossa época e às leis que regem suas transformações.

O fenômeno complexo ao qual chamamos "mundialização" ou "globalização" pressupõe, segundo a natureza mesma das tecnologias que o acompanham, um movimento poderoso e profundo, que pressiona os diferentes componentes da humanidade a se aproximarem uns dos outros. Sua vizinhança forçada, seja física ou virtual, suscita ao mesmo tempo afinidades e aversões. A meu ver, uma das questões maiores de nosso tempo é saber qual dessas atitudes irá prevalecer no fim. Veremos as tensões identitárias refluírem e se dissiparem? Ou se agravarem, provocando ainda mais discórdia e desintegração?

Quando se observam os acontecimentos do mundo, notam-se, sobretudo, manifestações de aversão – porque estas são poderosas, sem dúvida, mas também porque são mais visíveis, ruidosas, espetaculares. O movimento inverso, que se origina em nossas afinidades, é mais sutil e bem menos aparente – o que o leva, muitas vezes, a ser subestimado. Trata-se, contudo, de uma tendência histórica robusta e vigorosa, cujos efeitos podem ser verificados por todas as sociedades humanas.

Tenho a tentação de dizer que nossos semelhantes nunca foram tão semelhantes. Eles podem se opor, odiar-se, guerrear, mas não conseguem deixar de se imitar uns aos outros. Onde quer que estejam, vivem com os mesmos instrumentos nas mãos, têm acesso às mesmas informações e às mesmas imagens, adquirem permanentemente hábitos e referências comuns.

Se antigamente tínhamos, espontaneamente, a tendência de reproduzir os gestos de nossos pais e avós, hoje em dia temos mais a tendência de reproduzir espontaneamente os gestos de nossos contemporâneos. Não o admitimos voluntariamente. Conservamos religiosamente a lenda segundo a qual a transmissão se faz "verticalmente", de uma geração à seguinte, no seio das famílias, dos clãs, das nações e das comunidades de fiéis – quando, na realidade, a verdadeira transmissão é cada vez mais "horizontal": ela se faz entre contemporâneos, conheçam-se ou não, amem-se ou se detestem.

Confesso que essa visão das coisas frequentemente me reconfortou, nos momentos de grande angústia. Quando observava em torno de mim o crescimento das tensões identitárias ou o desencadeamento dos ódios, acalmava-me pensar que eram combates obsoletos, sobressaltos de um mundo já ultrapassado, em vias de se apagar, que se agarrava desesperadamente a práticas e preconceitos do passado.

*

O que me preocupava um pouco, entretanto, e que hoje me preocupa ainda mais, é que esse elã agregador, partilhado inconscientemente pelo conjunto de nossos contemporâneos, não é partilhado conscientemente por ninguém. Esse movimento subterrâneo é possante, mas, poderíamos dizer, "órfão", no sentido de que a maioria de nossos contemporâneos – mesmo tendo sido modelados, transformados, reformatados por essa onda unificadora impulsionada pelos avanços tecnológicos – adere, mesmo assim, a doutrinas que glorificam os particularismos.

Apesar de seus conflitos e de seus ódios recíprocos, nossos contemporâneos, portanto, se parecem entre si, cada vez mais, a cada dia.

Tal paradoxo soa menos tranquilizante se o formulamos ao inverso: os progressos constantes do universalismo são acompanhados de uma fragilização de todos os movimentos e de todas as doutrinas que propõem esse mesmo universalismo.

A afirmação identitária forte e frequentemente agressiva constitui, desde sempre, um elemento essencial do discurso e da concepção de mundo das forças que, hoje, navegam de vento em popa: as revoluções conservadoras. A coisa se verifica um pouco em toda parte – na África e na Europa, nos países árabes e em Israel, na Índia ou nos Estados Unidos.

O comportamento de certas forças tradicionalmente situadas à esquerda é tão inquietante quanto: pouco tempo atrás, elas levantaram o estandarte do humanismo e do universalismo, mas preferem, hoje, pregar os combates de caráter identitário, como porta-vozes das diversas minorias étnicas, comunitárias ou corporativistas; como se, renunciando a construir um projeto para a sociedade como um todo, esperassem voltar a ser majoritárias ao agregar todos os ressentimentos.

Não há nada de indigno ou repreensível nisso, desde que as reivindicações das minorias oprimidas possuam, na maioria dos casos, uma autêntica legitimidade moral. Mas quando fundam sua estratégia nessas clivagens, contribuem inevitavelmente para as divisões e a desintegração.

A mudança de perspectiva e de linguagem entre os defensores do progressismo é consequência de um fenômeno que já mencionei neste livro: a inversão do "equilíbrio de poder" intelectual no mundo, com a ascensão inexorável de forças conservadoras, que passaram a fixar, desde então, os termos do debate. Os perdedores são obrigados a abandonar suas próprias "ferramentas de pensamento" para adotar as dos vencedores, esforçando-se para utilizá-las em proveito próprio. As doutrinas que glorificam o universalismo são de tal forma desconsideradas nas últimas décadas que todos os particularismos passaram a ser, de alguma forma, legitimados.

A culpa recai antes de tudo sobre os erros do marxismo, mas este não sofre sozinho as consequências. Na maior parte das comunidades humanas são incentivadas, hoje, as afirmações identitárias, e consideram-se ingênuas, medrosas ou mesmo suspeitas as atitudes mais matizadas, equilibradas, ecumênicas. Várias populações que por muito tempo foram a vanguarda do combate pelo universalismo ficaram sem norte. Basta dar uma boa olhada nas sociedades que serviram de farol à humanidade e medir os desgastes.

Penso, por exemplo, nos Países Baixos e nos países escandinavos, que foram pioneiros na prática da abertura e da tolerância, e que têm cada vez maior dificuldade em manter o leme. Penso na Inglaterra, cujo sistema político, que por tanto tempo foi um exemplo para o mundo inteiro, está explodindo em pedaços sob efeito de uma demagogia nacionalista que resvala na escroqueria. E penso, igualmente, na Itália, cuja vida política e intelectual foi, para minha geração, uma referência permanente e objeto de admiração, hoje praticamente irreconhecível.

Estaremos aqui diante de reações epidérmicas, provocadas pelas tensões do momento, e que irão se atenuar com o tempo? Ou se trata de um fenômeno tenaz, durável, dificilmente reversível, capaz de levar os homens a uma espiral destrutiva?

Minha sensação é de que oscilamos, nas últimas décadas, de um cenário ao outro. Do cenário clássico, tantas vezes observado no passado – de comunidades de origens diferentes que se encontram lado a lado, começam por desconfiar umas das outras e trocar pancadas, mas terminam por esquecer que foram inimigas –, oscilamos para um outro, no qual esse "final feliz" não está mais na ordem do dia.

Entre os fatores determinantes dessa oscilação estão as turbulências políticas e morais que afetam o mundo árabe desde a derrota de 1967; que se agravaram por volta de 1979 com o advento das revoluções conservadoras do Oriente e do Ocidente; e que, a partir do 11 de setembro de 2001, fizeram "derrapar" o planeta inteiro, provocando reações em cadeia que, hoje, nos levam rumo ao desconhecido – sem dúvida, o naufrágio.

Um dos aspectos mais preocupantes dessa derrapagem é a "deriva orwelliana" que acomete o mundo de hoje. Que me perdoe o escritor britânico por essa denominação, mas ela é, a meu ver, uma homenagem, como quando se atribui a uma patologia o nome do cientista que a identificou e que se esforça em combatê-la.

7

INIMIGO DO TOTALITARISMO, George Orwell queria alertar seus contemporâneos sobre as tiranias do futuro e sobre o uso que poderiam fazer das ferramentas modernas para aniquilar toda liberdade e toda dignidade humana. A possante parábola que ele imaginou em seu romance 1984 não teria como não mexer com os espíritos e levá-los a refletir. Caminharíamos para um mundo onde o Big Brother veria tudo e escutaria tudo, até nossos pensamentos mais íntimos? Um mundo onde a linguagem seria de tal forma controlada e pervertida que só conseguíssemos expressar opiniões conforme o pensamento oficial? Um mundo no qual cada gesto, cada ideia, cada sentimento seria observado e julgado por uma autoridade onipotente alegando agir em nome dos interesses superiores da espécie humana?

Nascido em 1903, Orwell assistiria à ascensão dos dois principais regimes totalitários do século XX, o de Stálin e o de Hitler. Lutaria contra ambos: com armas, ao lado dos republicanos espanhóis; depois, através de seus escritos. Ele comemorou a queda do nazismo, mas quando morreu – prematuramente, em 1950, de tuberculose –, o outro totalitarismo se mostrava em plena expansão. Stálin ainda mantinha solidamente as rédeas do poder, desfrutando do prestígio que colhera por ter saído vencedor da Segunda Guerra Mundial; suas armas ocupavam metade da Europa; acabara de obter a bomba atômica, e a evolução do conflito entre o Ocidente e a União Soviética era incerta. O pesadelo descrito pelo escritor lançava a hipótese de uma ditadura de tipo stalinista dominar o mundo inteiro e, particularmente, a Inglaterra.

Se seus pulmões tivessem sido mais bem cuidados, Orwell poderia ter vivido até o ano emblemático que dá título à sua obra e, talvez, até a queda do regime soviético. Participaria pessoalmente dos festejos, em vez de receber homenagens póstumas. E teria razão em alegrar-se, já que a ameaça contra a qual alertara seus semelhantes parecia, então, definitivamente descartada.

Hoje isso não é tão definitivo. Depois de ter sido expulso pela porta dos fundos, o Big Brother, de certa forma, retorna pela janela. Não em razão de um novo poder totalitário, mas de um fenômeno mais difuso, e mais pernicioso: o crescimento inexorável de nossos anseios de autoproteção.

Com o pequeno recuo que temos no instante em que escrevo estas linhas, já está claro que o mundo após os atentados do 11 de Setembro não se parecerá jamais com o de antes. A guerra contra o terrorismo se distingue de todas as que a precederam – tanto as duas guerras mundiais quanto a Guerra Fria –, pelo fato de não ter vocação para terminar. É um pouco como se tivéssemos declarado guerra ao pecado, ou ao Mal. Jamais haverá um pós-guerra. Em nenhum momento será possível baixar a guarda e proclamar que o perigo acabou. Mais ainda quando observamos o que se passa no mundo árabe-muçulmano. Em que instante este reencontrará seu equilíbrio e sua serenidade? A única certeza que se pode ter é a de que muitas décadas serão necessárias antes de as coisas terem uma pequena chance de se equacionar.

Um grande período de tumultos nos espera, manchado por atentados, massacres e atrocidades diversas; um período necessariamente arriscado e traumático, durante o qual uma potência como os Estados Unidos buscará, qualquer que seja o governo empossado, proteger-se, defender-se, perseguir seus inimigos onde estiverem, escutar todas as suas conversas telefônicas, vigiar o que escrevem na Internet, controlar cada uma de suas transações financeiras...

É irremediável, e os deslizes não poderão ser evitados. Tentarão impedir transferências de fundos em favor de grupos terroristas, mas aproveitarão para checar se os cidadãos americanos não estão fraudando o fisco. Qual a relação entre terrorismo e sonegação de impostos? Nenhuma, a não ser o fato de que, quando se encontra a tecnologia adequada e um bom pretexto para controlar, controla-se.

Tentarão interceptar as comunicações entre os terroristas, mas darão um jeito de, também, escutar as chamadas de seus concorrentes comerciais. O que têm a ver as comunicações de um especialista em bombas com a de um industrial italiano, francês ou coreano? Nada, a não ser o fato de que, quando se obtém um bom pretexto para escutar – e isso ajuda as empresas americanas –, escuta-se. Mesmo que sejam as conversas privadas dos dirigentes alemães, brasileiros, indianos ou japoneses; e se estes, no final, descobrem tudo, eles pedem desculpas e, em seguida, começam a escutá-los de novo, desta vez tomando algumas precauções suplementares para que não haja vazamentos.

Mencionei primeiro os Estados Unidos, mas isso vale – ou valerá, nos próximos anos – para Rússia, China, Índia, França, e, de forma mais geral, para todos os que adquirirem as competências adequadas.

É quase uma lei da natureza humana: tudo o que a ciência nos permite fazer, faremos – mais cedo, mais tarde, sob qualquer pretexto. Ao menos enquanto as vantagens nos parecerem superiores aos inconvenientes.

*

Formuladas essas minhas inquietações, e antes de expor outras, apresso-me em dizer que, muito felizmente, o mundo em que vivemos não se parece ainda com o descrito no livro de Orwell.

Por enquanto, os temores que podemos sentir relacionam-se mais aos perigos em potencial. Os múltiplos monitoramentos aos quais nossos contemporâneos são submetidos provocam irritação, incredulidade e, às vezes, uma legítima indignação; mas não causam, com certeza, o horror provocado pelo desmoronamento das duas torres nova-iorquinas, o sequestro dos estudantes nigerianos pelo sinistro "Boko Haram" ou as decapitações diante de câmeras. Face a tais abominações, nossos outros medos necessariamente se atenuam.

Mas seria um erro subestimar os riscos inerentes de uma deriva "orwelliana", porque esta possui uma característica que a torna, com o tempo, eminentemente perniciosa.

De fato, quando os atos de selvageria assassina nos fazem pensar num retorno às horas sombrias do passado, a deriva contra a qual nos alerta o autor de *1984* vem, ao contrário, do futuro, se ouso me exprimir assim. O que a torna possível são, exatamente, os avanços da ciência e as inovações tecnológicas que esta traz a cada passo, como uma sombra perversa. Acreditamos avançar, mas, na verdade, nos perdemos. Progredimos em inúmeros aspectos, vivemos melhor, e vivemos mais tempo. Mas alguma coisa se perde no caminho. A liberdade de ir e vir, de falar e de escrever sem estar sob constante vigilância.

Como o óleo de um reservatório furado, nossa liberdade escapa, gota após gota, sem que nos preocupemos. Tudo parece normal. Podemos, mesmo, avançar, em alta velocidade e cantarolando. Até que, de repente, o motor falha. E o veículo para de avançar.

Falei em vigilância de comunicações telefônicas e transações bancárias por temer o uso abusivo que as autoridades são tentadas a fazer das mesmas, inclusive nas grandes nações democráticas. São apenas exemplos de um desvio que vai bem mais longe e que cada um de nós pode observar na vida cotidiana atual.

Costumo trocar e-mails com amigos escritores e compositores. E, passados alguns anos, um fenômeno se produz com grande regularidade. Enquanto escrevo as minhas ou leio as mensagens deles, um pequeno painel aparece em minha tela propondo a compra de seus livros ou de seus discos. A mesma coisa acontece se menciono, em minha correspondência, Simone de Beauvoir, Saul Bellow ou Robert Musil: imediatamente, as janelas aparecem, propondo que eu compre, mais barato, as obras desses autores.

A primeira vez que me dei conta disso, fiquei intrigado e cheguei a me aborrecer. Depois, habituei-me – o que não quer dizer que eu tivesse aprovado o procedimento, que requer, para operar dessa forma e com tamanha celeridade, um acesso imediato ao que estou escrevendo, uma análise das palavras-chave e a capacidade de mostrar no monitor, instantaneamente, um texto gerado por minha correspondência privada.

Não entrarei nos detalhes técnicos: não sou suficientemente capaz e, de toda forma, as mudanças são tão velozes nesse campo que as práticas que parecem hoje inovadoras serão provavelmente obsoletas em dois anos. O que permanecerá – e será cada vez mais verdadeiro – é que cada verbete que digitarmos no computador, cada palavra que pronunciarmos no telefone, cada imagem que captarmos e arquivarmos num suporte digital poderão ser vistas por desconhecidos com meios para analisar, estocar e utilizar nossos dados à vontade.

Além de sermos ouvidos, poderemos ser, a cada instante do dia, localizados e, às vezes, até filmados, graças a nossos telefones portáteis, câmaras de vigilância, drones, satélites e outros instrumentos sofisticados que jamais deixarão de ser inventados. Assim, será possível saber, com precisão, quem encontrou quem, o que foi dito, onde cada pessoa passou a noite e mil outros fatos e gestos.

A título pessoal, tudo isso não atrapalha tanto assim minha rotina. Sei que os aplicativos que analisam o conteúdo de minhas mensagens e fazem aparecer janelas publicitárias em minha tela não são nada além de robôs. E que é pouco provável que olhos humanos me vigiem. Não tenho mania de guardar segredos, e não me aborrece especialmente que saibam onde compro meus livros, meu vinho ou minhas camisas e sob que tetos eu passo as noites.

Mas não é necessário elaborar roteiros complicados para entender que a abertura hoje existente para que diversas autoridades se imiscuam na vida íntima de nossos contemporâneos pode conduzir a abusos intoleráveis, seja da parte de agências governamentais ciosas de patrulhar as opiniões políticas dos cidadãos, seja de sociedades privadas ávidas de tomar posse das mais variadas informações que fornecemos (o oceano de dados que aprendemos a chamar de big data) para vendê-los, depois, a preço de ouro. Tudo vira mercadoria: nossos gostos, nossas opiniões, nossos hábitos, nosso estado de saúde, nossas coordenadas geográficas e aquelas das pessoas que frequentamos, e milhares de outros elementos.

Poderíamos debater até o infinito para determinar a que ponto essa captação de nossas vidas é realmente tóxica, ou apenas uma característica irritante mas inofensiva do mundo moderno. De minha parte, não posso me impedir de julgá-la malsã e suscetível de nos lançar numa ladeira íngreme e escorregadia.

*

Cada dia um pouco mais, vai se apagando a fronteira entre o que, em nossa existência, continua a ser privado e o que viraliza em praça pública. Frequentemente, aliás, nós mesmos somos cúmplices do estreitamento de nosso próprio espaço íntimo: por desejo de comunicar e de agradar, por mimetismo, por resignação ou por ignorância, deixamo-nos invadir. Raramente tentamos fazer a triagem entre o que nos enriquece e o que nos esvazia, entre o que nos liberta e o que nos escraviza.

Possuímos instrumentos cada vez mais aperfeiçoados, que nos dão a sensação de sermos prósperos e onipotentes; mas eles são como as tornozeleiras eletrônicas dos presos em liberdade vigiada. Ou como coleiras que usamos no pescoço sem nos preocupar em saber quem é o nosso dono.

Por que nos espantaria que tal desvio possa evocar, em alguns dentre nós, o universo obsessivo de *1984*, com seus olhos infinitos que seguem os habitantes nas ruas, nos escritórios e até no interior de suas casas, em nome do Big Brother e da Polícia do Pensamento?

8

DESDE A ADOLESCÊNCIA sou apaixonado pelos escritos de Orwell, mesmo guardando, sempre, um olhar crítico e seletivo sobre eles. Se nunca deixei de considerar A revolução dos bichos uma obra-prima incomparável, sentia-me menos seduzido por 1984. A ideia era poderosa, claro; mas, como ocorre muito com os romances de tese, o romance abafava um pouco a tese. Além disso, quando comecei a acompanhar de perto os acontecimentos do mundo, Stálin estava morto, seu cadáver acabava de ser retirado do mausoléu na Praça Vermelha, e até a cidade de Stalingrado havia sido desbatizada; a ameaça de um stalinismo triunfante, contra o qual o livro nos prevenia, não era mais verossímil, e a sirene de alarme que a obra ativava parecia, então, sem utilidade.

Reconciliei-me com *1984* quando compreendi que o mais importante, numa obra literária, não é a mensagem que o autor quis nos transmitir, mas os nutrientes intelectuais e afetivos que cada leitor pode extrair dela. De minha parte, aquilo de que tomei consciência ao reler o romance em idade adulta, foi a existência de um risco para as sociedades humanas, por mais avançadas que sejam, de serem capturadas um belo dia por uma engrenagem que recoloque em causa tudo o que a mesma construiu desde o início dos tempos.

Verdade que a forma que hoje reveste tal ameaça não é a que o autor temia. Seu imaginário era condicionado pelas realidades da época em que ele viveu: ciente dos desvios totalitários de seu tempo, Orwell acreditava saber de onde viriam as tiranias futuras, em nome de que crenças elas governariam, e por quais métodos se perpetuariam. Nisso, estava enganado, mas, no essencial, tinha razão, porque havia nele, além da aversão por ditaduras de esquerda ou de direita, um desconforto ainda mais fundamental: o de ver a ciência deslocada, os ideais pervertidos e a humanidade escravizada por aquilo mesmo que era destinado a libertá-la.

Foi essa inquietação que ele nos transmitiu em seus escritos. E ela continua, para nossa infelicidade, perfeitamente justificada – se não em razão do pesadelo totalitário que o obstinava, ao menos por outros pesadelos, que com certeza o teriam horrorizado se lhe viessem à mente.

Um mundo assustado, no qual a vigilância cotidiana de nossos gestos e atos seja ditada por nosso desejo real e legítimo de proteção a cada instante não é, no fim das contas, mais grave ainda que um mundo onde essa vigilância é imposta por um tirano paranoico e megalômano?

No espírito de Orwell, a denominação "Big Brother", "Grande Irmão", era, evidentemente, demagógica, como o era a de "Pai dos povos", que adornava a figura de Stálin. Supor um caráter "fraternal" ou "paternal" nos elos entre o opressor e suas vítimas resulta, necessariamente, de uma sinistra perversão. Mas para nós, que vivemos no século XXI, esses olhos eletrônicos que nos seguem ainda não são vistos como hostis.

Face ao mundo deformado que nos envolve, sentimos cada vez mais necessidade de estar em segurança. Por isso, não enxergamos os que garantem nossa proteção como opressores, mas como autênticos "grandes irmãos". Esses últimos não sugerem, aliás, nenhum plano maléfico: suas incursões em nosso universo íntimo resultam geralmente de um caminho ao qual eles foram conduzidos ao mesmo tempo que nós.

Eu mesmo não confessei que tais invasões não me incomodavam tanto assim em minha rotina diária? A verdade é que, no conjunto, eu me acomodo facilmente a elas e chego, por vezes, a ver vantagens. Suponho que seja assim com a maioria dos meus contemporâneos. Do momento em que aprendemos que um malfeitor pode ser identificado graças a câmeras que filmaram dia e noite as ruas que ele percorreu; ou que um dirigente corrupto pode ser flagrado graças a suas contas telefônicas detalhadas, afetuosamente apelidadas *fadettes*, comemoramos o fato.

É somente quando nos vemos diante de uma invasão ultrajante de nossa própria privacidade que nos ocorre protestar e nos indignar. Mas nossa cólera é de curta duração e de baixa intensidade. É como se nossa capacidade de reagir estivesse adormecida, anestesiada.

Em circunstâncias diferentes das que vivemos hoje, o mínimo entrave à nossas liberdades teria provocado em nós explosões de raiva. Que os outros possam nos escutar, filmar ou vigiar nossas idas e vindas nos teria parecido totalmente inaceitável; que nos deixemos, nos aeroportos, revistar, escanear; que nos obriguem a tirar nossos sapatos ou nossos cintos: tudo pareceria insultante, ligas de cidadãos seriam formadas para impor limites estritos às autoridades.

Mas não é assim que reagimos. Se eu arriscasse pinçar o vocabulário da biologia, diria que o que se passou no mundo nas últimas décadas teve por efeito "bloquear" em nós a "secreção dos anticorpos". O assalto a nossas liberdades nos choca menos. Se protestamos, é com lerdeza: nossa tendência é confiar nas autoridades protetoras; e se elas exageram, encontramos circunstâncias atenuantes.

Esse entorpecimento de nosso espírito crítico representa, a meu ver, uma evolução significativa e nitidamente temerária.

Falei algumas vezes, neste livro, da engrenagem à qual fomos atrelados neste século. É por meio da ideia de um "bloqueio de anticorpos" que se pode observar de perto o mecanismo da máquina: o crescimento das tensões identitárias nos causa temores legítimos, que nos levam a procurar segurança a qualquer preço, para nós mesmos e para aqueles a quem amamos. E a nos mostrarmos alertas sempre que nos sentimos ameaçados. Por isso, ficamos menos vigilantes com os abusos que essa atitude de vigilância permanente pode provocar; menos atentos quando as tecnologias penetram em nossa vida privada; menos diligentes quando os poderes públicos modificam as leis num sentido mais autoritário e sumário; menos precavidos diante dos riscos de uma guinada "orwelliana"...

*

Há um equilíbrio a perseguir, para cada geração, entre duas exigências: proteger-se daqueles que se aproveitam do sistema democrático para promover modelos sociais que sufoquem toda liberdade, e proteger-se também dos que se prontificam a sufocar a democracia sob pretexto de protegê-la. Hoje, esse equilíbrio ainda não me parece rompido, apesar de alguns escorregões para um ou outro lado; mas as perspectivas do futuro não são nem um pouco animadoras. Uma dinâmica infantilizante e potencialmente escravizante está em curso, e será difícil freá-la; os avanços tecnológicos irão inevitavelmente abrir-lhe novos campos de ação, e as ameaças que a justificam não desaparecerão. Alguns veem aí uma estratégia oculta – se não totalitária, no mínimo autoritária e manipuladora; da minha parte, lamentavelmente, vejo, no fenômeno, nada além de uma consequência inelutável dos demônios identitários que se espalham pelo mundo e que fomos incapazes de acalmar.

Essa dinâmica assustadora poderia mesmo agravar-se e acelerar-se para além do que é hoje concebível. Não ouso imaginar quais seriam os comportamentos de nossos contemporâneos se nossas cidades sofressem, amanhã, ataques em massa, implicando o uso de armas não convencionais – bacteriológicas, químicas ou nucleares.

Espero que saibamos evitar tais catástrofes, mas não é, infelizmente, irracional pensar que possam um dia ocorrer, e que suas consequências sobre nossa sociedade sejam devastadoras.

Mesmo que consigamos retardar indefinidamente tais abominações, o desvio seguirá sua marcha. A cada nova eleição, vemos, na Europa, nos Estados Unidos e em outras partes, os eleitores prestarem bem mais atenção aos que dizem que é preciso se resguardar por todos os meios, e bem menos atenção aos que previnem contra o uso imoderado da força e contra a obsessão por segurança. Trata-se de uma atitude compreensível para quem teme ser tomado como refém e para quem se vê espezinhado; resta saber até onde pode ir essa aspiração por amparo sem que se ponham em causa outras aspirações tão legítimas quanto.

A marcha do mundo, tal qual observamos hoje, não vai, de forma alguma, acalmar os temores securitários de nossas sociedades.

Para ser franco, não enxergo um só cenário em que essa tendência possa se inverter. Tudo leva a crer que ela persistirá, às vezes lentamente, outras de maneira acelerada, mas sempre na mesma direção: a ascensão dos medos.

A que irão se assemelhar nossos países em vinte ou em cinquenta anos? Eu adoraria poder prever que as mudanças na paisagem política e na paisagem intelectual se revelarão efêmeras; que os temores em relação ao terrorismo ou aos imigrantes irão passar, e que nossas sociedades sairão dessas dificuldades mais generosas, tolerantes e magnânimas. Não é, infelizmente, o que desponta no horizonte. É de se prever que nossos contemporâneos e seus descendentes ficarão cada vez mais atentos às vozes que lhes dizem ser melhor viver numa fortaleza com muros altos, bem protegida, mesmo que para isso seja necessário pôr em quarentena certas liberdades e certos valores.

"A escolha, para a humanidade, é entre a liberdade e a felicidade, e, para a grande maioria, a felicidade é melhor", Orwell faria dizer, com cinismo, um dos personagens de *1984*. Ninguém nos apresentará as coisas de maneira tão crua; mas, no contexto deste século, tal dilema não parece tão insensato.

9

SE ME ATENHO tanto à "deriva orwelliana" é porque ela compromete o futuro da democracia, do Estado de Direito e do conjunto de valores que dão um sentido à aventura humana. Mas essa ameaça, por mais angustiante que seja, não é a única que se perfila no horizonte. Num mundo em decomposição, onde prevalece o egoísmo sagrado das tribos, dos indivíduos e dos clãs, são muitas as situações que se complicam e se contaminam a ponto de ser impossível administrá-las.

Um exemplo entre outros, mas não dos menos graves: o das perturbações climáticas. Há muitas décadas os especialistas nos alertam contra o aquecimento do planeta e os efeitos catastróficos que pode provocar: terras inundadas ou devastadas pela seca, trazendo o risco de migrações em massa; ou um descontrole das temperaturas que não se poderá mais deter e que tornará a Terra inabitável.

Diariamente, somos advertidos de que as medidas que têm sido tomadas até aqui para prevenir o desastre são insuficientes, que seus efeitos são desprezíveis e que os sinais de alarme se multiplicam: o tamanho das geleiras diminui mais rápido que o previsto, certas correntes marítimas se comportam de maneira errática, fenômenos meteorológicos extremos se produzem a um ritmo assustador. Ao fim de cada ano somos informados de que aquele foi um dos mais quentes jamais aferidos.

Não ignoro a existência dos céticos, e é legítimo que um debate se desenvolva. Mas quando tantos e tão respeitáveis cientistas se mostram aflitos, seria necessário, no mínimo, considerar a possibilidade de não estarem errados.

Para ser franco, espero que estejam. Pois se, por uma infelicidade, suas hipóteses se revelarem corretas, como imagino, a catástrofe – considerado o estado de desatino que reina hoje – parece inevitável. Certo dirigente estima que as advertências dos estudiosos não passam de lamúrias motivadas por uma visão ideológica globalista, e que é preciso seguir dando prioridade absoluta às performances econômicas; outro dirigente considera que seu país já faz esforços suficientes, e que cabe aos mais industrializados ou aos mais poluidores assumir sua parte do prejuízo; um terceiro se contenta com anúncios virtuosos ou medidas com ótimas consequências midiáticas, sem se preocupar muito com seu efeito real...

Quaisquer que sejam os motivos invocados para nada fazer – ou fazer o menos possível –, é evidente que o mundo de hoje, caracterizado por uma desconfiança crescente em relação às instâncias internacionais e por uma glorificação do cada-um-por-si, é totalmente incapaz de produzir o impulso de solidariedade necessário para fazer frente a um perigo de tamanha amplitude.

Um dia, as pessoas lembrarão, consternadas, que em dezembro de 2018, na noite de um sábado caótico nas ruas de Paris, um presidente americano se felicitou publicamente pelas revoltas que tomaram a cidade onde fora assinado o acordo internacional sobre a luta contra o aquecimento global.

A essa ameaça climática junta-se outra, mais comum para quem se interessa por História, mas tão inquietante quanto: a corrida armamentista. Depois de ter se acalmado com o fim da União Soviética, ela retorna com toda a força, especialmente entre países que sonham se tornar – ou voltar a ser – grandes potências planetárias. E os Estados Unidos estão determinados a detê-los.

Uma nação imensa como a China, que se desenvolveu a uma velocidade vertiginosa nas últimas décadas, tem naturalmente a ambição de assumir um papel de primeiro plano na cena mundial. Ela possui, para tanto, recursos humanos e financeiros, competência industrial, e está no caminho para recuperar a largos passos o atraso em certas tecnologias militares de ponta. Dispõe, hoje, de um sistema político capaz de planejar a longo prazo, uma vantagem rara no mundo que vivemos.

A competição entre Pequim e Washington, cujos primeiros frutos já testemunhamos, será necessariamente rude; tomará muitas vezes o aspecto de uma guerra comercial, midiática, diplomática ou cibernética, e já é acompanhada de uma corrida desenfreada por armamentos, no solo e no espaço.

A Rússia, igualmente, pretende garantir um lugar mais importante. Saiu da Guerra Fria arruinada, humilhada e desmoralizada. Hoje, esforça-se para reconquistar o terreno perdido – politicamente, como na Síria, e mesmo geograficamente, como na Crimeia. Para Moscou, também, uma queda de braço com Washington e com o resto do Ocidente está em curso em diversos campos.

A essas grandes potências vêm juntar-se outras, que ambicionam garantir seu quinhão mundial ou regional e tomarão parte, também, na corrida armamentista. Refiro-me à Índia, ao Paquistão, à Turquia, ao Irã e a Israel, sem esquecer França, Alemanha, as duas Coreias e o Japão.

Uma "briga" dessas tem precedentes. Em cada século, vimos países que cobiçaram um posto superior. Outros contra-atacaram, reconquistaram ou, ao contrário, recuaram para, depois, submergir. Seus confrontos eram, aliás, bem mais ferozes que os nossos.

O que torna nossa época mais arriscada é que, justamente em razão de nossos progressos científicos, um *know-how* pernicioso se propagou pelo planeta, e novos instrumentos de morte não param de se desenvolver. Inúmeros Estados os possuem ou buscam adquiri-los, assim como movimentos extremistas e até organizações mafiosas.

Por isso, os deslizes são mais difíceis de evitar, e suas consequências podem se revelar devastadoras. Como não pensar com aflição nas "bombas sujas", capazes de lançar em seu entorno substâncias radioativas e contaminar, por longos períodos, extensas regiões – ou, ainda pior, nesses frascos cujo conteúdo poderia exterminar toda a população de uma cidade?

Inúmeros protagonistas, mundo afora, sonham acabar de uma vez por todas com seus inimigos jurados, e, em algumas circunstâncias, ameaçam passar à ação. Resta torcer para que eles não tenham, jamais, a oportunidade!

*

O que a humanidade sabe fazer de melhor é distorcido pelo que ela sabe fazer de pior – tal é o trágico paradoxo de nosso tempo, e ele se verifica em diversos setores.

Mesmo os avanços médicos mais promissores e mais benéficos para o futuro de nossa espécie podem se tornar perigosos num mundo que se decompõe. Se amanhã a ciência conseguisse controlar o processo de envelhecimento das células e o da substituição de órgãos e, assim, prolongar consideravelmente a duração da vida, não seria, inegavelmente, uma evolução fascinante? Mas seria, também, assustadora, já que essas técnicas dispendiosas beneficiariam apenas uma parcela ínfima da população mundial, ao menos por duas ou três gerações; essa minoria eleita se descartaria, então, da massa de seus contemporâneos para constituir uma humanidade diferente, com longevidade superior à da maioria dos mortais. Como uma disparidade dessas, resultado extremo de todas as desigualdades, seria experimentada? Os excluídos da vida longa iriam acomodar-se a seu destino? Pode-se supor, ao contrário, que eles duplicariam sua ira, desaguando-a num sonho de revanche sangrenta.

E os privilegiados? Resistiriam à tentação de encastelar-se por trás de muros gigantescos, ou de aniquilar sem piedade os que os ameaçassem?

Essa perspectiva pode parecer distante, mas existe outra, que vai na mesma direção, e que é, por sua vez, bem próxima e até em vias de se realizar. Falo dos avanços prodigiosos da inteligência artificial, da robotização e da miniaturização, que têm por consequência transferir para máquinas sofisticadas inúmeras atividades que eram, até aqui, privilégios dos humanos.

As origens dessa evolução são evidentemente muito antigas: remontam ao começo da era industrial. Naquele tempo, a mecanização, fortemente criticada e às vezes demonizada, acabou por revelar-se benéfica, pois permitiu reduzir os custos e estimular a produção, ao mesmo tempo que liberava os trabalhadores das tarefas mais ingratas. Mas o que ocorre nos dias de hoje é de outra natureza. Não são apenas os gestos rotineiros que se tenta reproduzir: é a inteligência humana, em sua inacreditável complexidade, que vem sendo imitada e progressivamente ultrapassada.

Como todos sabem, o melhor jogador de xadrez é hoje um computador, assim como o melhor jogador de Go. Essas são apenas duas pequenas bandeirolas fincadas na ponta visível do iceberg.

A substituição dos homens pelas máquinas pode evidentemente se verificar, cada dia mais, em todos os ramos de atividade. No transporte, no comércio, na agricultura, na medicina ou, sem sombra de dúvida, na produção industrial. Já existem robôs motoristas, robôs livreiros, robôs recepcionistas, robôs nos caixas, robôs intérpretes, robôs cirurgiões, robôs alfandegários etc. A lista é interminável e, com a evolução das pesquisas, não para de crescer. Tudo leva a crer que "nossos primos mecânicos" serão, no futuro, onipresentes em nossas casas, nossas ruas, nossos escritórios, nossas lojas e nossas fábricas.

Eu uso constantemente o termo "robô", embora ele seja às vezes impróprio. As máquinas dotadas de certo grau de inteligência ou de habilidade não têm sempre aparência humana, e se algumas possuem braços, pernas, uma cabeça e uma voz, muitas outras têm simplesmente velocidades, luzes e zumbidos eletrônicos. Mas a palavra "robô", adotada na mesma forma em tantas línguas, conservou, de suas origens tchecas, a ideia mítica de um trabalho que o homem jogaria nas costas de uma criatura fabricada à sua imagem porque seria penosa, desagradável ou fisicamente impossível de efetuar por conta própria.

Amanhã, quando se quiser explorar Marte, Júpiter e Saturno, ou planetas mais distantes, situados fora do Sistema Solar, que outros astronautas poderão ser enviados, senão os robôs? Só eles serão capazes de completar missões de trinta ou de oitenta anos, em condições atmosféricas insuportáveis para nós. E só eles poderão estabelecer uma base permanente em nossa lua, sem se preocupar com a escassez de oxigênio.

Da epopeia dos astronautas humanos só restará, então, a memória de um tempo heroico – o dos primeiros passos.

É provável que um fenômeno similar venha a se produzir no campo militar, ao menos para os países mais ricos. Por que eles enviariam seus soldados à morte, se as mesmas missões puderem ser realizadas por robôs auxiliados por drones? Pareço estar me embrenhando pela ficção científica, mas é uma questão que alguns Estados já propõem e na qual pesquisadores trabalham todos os dias.

Há, claro, tarefas em que um soldado humano se sai muito melhor que um autômato. Mas o inverso é ainda mais verdadeiro. Um robô pode ser programado para correr a cem quilômetros por hora e pode ter as dimensões de um esquilo, de um elefante ou de um rato. Tem, acima de tudo, a vantagem de não suscitar, se "morrer" em combate, nenhuma agitação no *front* interno. Nem sacos mortuários, nem caixões cobertos de uma bandeira, nem famílias de luto, nem veteranos traumatizados, nem manifestações para exigir que tragam "nossos filhos para casa". Bem entendido, continuaria a haver vítimas no campo adversário, mas esse é um problema de outra ordem, que os dirigentes não têm nenhuma dificuldade de administrar política e midiaticamente.

Tentamos às vezes nos tranquilizar lembrando que, por trás desses robôs, por mais aperfeiçoados que sejam, há sempre a mão e o cérebro do homem. Sem dúvida, mas a questão não é essa. Não se trata de saber se o Humano, com H maiúsculo, ainda será necessário, mas de saber de quantos humanos ainda precisaremos em vinte ou em quarenta anos. Se a tendência atual à robotização prosperar, centenas de milhões de empregos irão desaparecer e, em algumas décadas, só uma pequena fração de nossos congêneres ainda participará da produção de riquezas.

O que será então dos outros, dos bilhões de outros? Descartados do mundo do trabalho, marginalizados e literalmente "abandonados", como viverão? Serão sustentados, em nome da solidariedade humana, pela minoria "útil"? Ou é maior o risco de serem vistos, em vez disso, como supérfluos, incômodos, parasitários e potencialmente danosos?

A própria noção de humanidade, pacientemente construída ao longo de milênios, estaria, então, esvaziada de sentido.

*

Acabo de fazer um resumo de alguns dos riscos aos quais seremos confrontados ainda neste século. Eu poderia ter listado tantos outros!

Alguns devem, necessariamente, surgir um dia em nosso caminho, visto que resultam diretamente dos progressos do nosso conhecimento; outros se deverão mais aos desvarios que presenciamos nas últimas décadas.

Fica claro, em todo caso, que entramos numa zona tumultuada, imprevisível, aleatória, que parece destinada a se prolongar. A maioria de nossos contemporâneos deixou de acreditar num futuro de progresso e prosperidade. Onde quer que vivam, estão desamparados, enraivecidos, amargurados, sem rumo. Desconfiam do mundo fervilhante que os cerca e sentem-se tentados a dar ouvidos a estranhos narradores.

Todos os deslizes são hoje possíveis, e nenhum país, nenhuma instituição, nenhum sistema de valores e nenhuma civilização parece capaz de atravessar essas turbulências e sair ileso.

■ EPÍLOGO

No siempre lo peor es cierto.
Nem sempre o pior é o certo.

Pedro Calderón de la Barca (1600-1681),
título de uma comédia

AO INICIAR ESTA meditação sobre a época desconcertante que me coube viver, eu me prometi só falar de mim mesmo quando fosse, diretamente ou através de meus próximos, uma testemunha ocular dos acontecimentos; e somente se pudesse trazer, nos relatos em primeira pessoa, uma luz válida. Não queria, sobretudo, dispensar meu papel de espectador, nem dar à minha própria visão das coisas um espaço desmedido.

Mais de uma vez, cheguei mesmo a parar, entre dois capítulos, para me assegurar de que não fora vítima de uma "ilusão de ótica", que era realmente o mundo que naufragava, e não somente o meu próprio mundo – o Egito de minha mãe; o Líbano de meu pai; minha civilização árabe; minha pátria adotiva, a Europa, e meus bravos ideais universalistas. Mas, a cada vez, retomava a obra convencido de não estar, lamentavelmente, enganado.

Não, não é a nostalgia que fala por mim, é minha inquietação pelo futuro, é o medo legítimo de ver meus filhos, meus netos e seus contemporâneos vivendo num mundo de pesadelo. E, também, meu temor de ver desaparecer tudo aquilo que dá um sentido à aventura humana.

Quando evoquei, no primeiro parágrafo do livro, a civilização agonizante em cujos braços eu nasci, não pensava somente naquela do Levante. Sem dúvida ela morria um pouco mais que as outras, eu ousaria dizer; ela sempre fora frágil, vacilante, efêmera, e hoje está em ruínas. Mas não é a única pela qual me aflijo, nem a única que me alimentou, nem a única hoje ameaçada de submergir.

Tenho o dever de acrescentar, sobre minha civilização de origem, que, embora seu desaparecimento seja necessariamente uma tragédia para os que cresceram em seu seio, ele é igualmente dramático para o resto do mundo. Continuo convencido, mesmo, de que se aquele Levante plural houvesse sobrevivido, prosperado e se disseminado, a humanidade em seu conjunto, todas as civilizações confundidas, teria sabido evitar a deriva que vivenciamos em nossos dias.

Foi a partir da minha terra natal que as trevas começaram a tomar conta do mundo.

Essa última frase... eu teria hesitado em escrevê-la há alguns anos, com a impressão de ter extrapolado de forma grosseira minha própria experiência e a de meus próximos. Hoje, contudo, não há mais dúvidas de que as convulsões que agitam o planeta estão diretamente ligadas às que agitaram o mundo árabe nas últimas décadas.

Não irei tão longe a ponto de dizer que as chamas que inflamaram o centro do Cairo em janeiro de 1952 e as que consumiram as duas torres nova-iorquinas meio século depois nascem de um mesmo incêndio. Mas todos podem constatar, agora, que existe uma relação de causa e efeito entre o naufrágio de "meu" Levante natal e o das outras civilizações.

Ao longo de meus 70 anos de existência, pude assistir, de perto ou de longe, a uma interminável série de acontecimentos. Hoje, eu os alcanço com o olhar como se fizessem todos parte de um mesmo afresco. Percebo as linhas de força, as tramas de cores, as zonas de sombra, as sinuosidades, e tenho a sensação de poder "decifrar" melhor que antes o universo que me cerca.

Não vou negar que às vezes levei o temor um pouco longe ao atribuir datas exatas a evoluções complexas demais; ao escrever, por exemplo, que o desespero árabe nasceu em 5 de junho de 1967, ou que o "ano da grande reviravolta" no mundo foi o de 1979. Poderia ter me limitado a formulações mais aproximativas e menos facilmente contestáveis. Mas quis privilegiar a urgência, a eficácia e a clareza. Confiei em minha intuição de testemunho próximo e atento, esperando que os grãos de verdade que minhas afirmações imprudentes abrangem se revelem úteis para quem deseja realmente compreender os dramas que despontam no horizonte.

*

Ao mover, como fiz neste livro, o espectro de um naufrágio iminente, terei corrido o risco de desesperar os que me leem?

Minha intenção não foi, tenho certeza, a de pregar o desânimo; mas é o dever de cada um, em circunstâncias tão graves como as que atravessamos neste século, permanecer lúcido, sincero e digno de confiança. Quando, para acalmar os temores de nossos contemporâneos, escolhemos negar a realidade dos perigos e subestimar a ferocidade do mundo, corremos o risco de ser muito rapidamente desmentidos pelos fatos.

Se as estradas do futuro parecem cheias de emboscadas, a pior conduta seria avançar com os olhos fechados murmurando que tudo vai dar certo.

Estou convencido, aliás, de que uma reação ainda é possível. É difícil para mim acreditar que a humanidade irá se resignar docilmente à destruição de tudo o que construiu. Todas as sociedades humanas e todas as civilizações sairão derrotadas caso se percam dessa forma. Mas todas sairão vitoriosas se corrigirem o rumo. No dia em que tomarmos consciência disso, os comportamentos se modificarão radicalmente, a deriva será erradicada e uma dinâmica salutar a substituirá.

É, portanto, necessário, e mesmo imperativo, alertar, explicar, exortar e prevenir. Sem preguiça, complacência ou abatimento. E sem ódio, sobretudo. Guardando sempre no espírito que os dramas encenados em nossos dias resultam de uma engrenagem cujos mecanismos ninguém controla. Por ela somos todos arrastados, pobres e ricos, fracos e poderosos, governados e governantes, queiramos ou não, e independentemente de nossos pertencimentos, nossas origens ou nossas opiniões.

Para além das peripécias e das urgências da atualidade cotidiana, para além do alarido deste século e de suas tagarelices ensurdecedoras, há uma preocupação essencial, que deveria guiar permanentemente nossas reflexões e nossas ações: como convencer nossos contemporâneos de que, ao continuarem prisioneiros de concepções tribais de identidade, de nação e de religião, e ao seguir glorificando o egoísmo sagrado, eles engendram seus próprios filhos num futuro apocalíptico?

Num mundo onde as diversas populações convivem tão perto umas das outras, e onde tantas armas devastadoras estão em tantas mãos, não se pode dar livre curso às paixões e à avidez de cada um. Imaginar que, pela virtude de algum "instinto de sobrevivência coletivo", os perigos vão se dissipar, não é fazer prova de otimismo e de fé no porvir – mas de negação, cegueira e irresponsabilidade.

*

De cada um dos perigos que mencionei neste livro, tivemos, nos últimos anos, vislumbres reveladores, às vezes mesmo esboços angustiantes – como um aperitivo do que será o amanhã se o desvio não for detido. Saberemos extrair lições antes que as calamidades nos atinjam na própria pele? Teremos ânimo suficiente para reagrupar forças e corrigir o rumo antes que seja tarde demais?

Eu quero ainda crer. Seria triste que o navio dos homens continuasse a navegar assim perdido, inconsciente do perigo, certo de ser indestrutível, como foi, em outro tempo, o *Titanic* – antes de chocar-se na noite contra sua fatídica montanha de gelo, enquanto a orquestra entoava *Mais perto de Ti, Senhor*, e o champanhe corria solto.

■ POSFÁCIO À EDIÇÃO BRASILEIRA

ACRESCENTO ESTAS ÚLTIMAS páginas a *O naufrágio das civilizações* ao mesmo tempo em que nosso mundo enfrenta, já há alguns meses, um dos desafios mais traumáticos de sua história. Como terminará este martírio? Quem, entre nós, será vítima, quem sairá ileso? Que países, que instituições, que doutrinas, que valores sairão fragilizados? Ou fortalecidos?

Teremos que esperar para avaliar todas as consequências do que estamos sofrendo. Mas já se pode dizer, sem medo de errar, que os eventos deste ano não serão esquecidos tão cedo. Falaremos por muito tempo ainda de um "antes de 2020" e de um "depois de 2020", e o futuro do planeta será profundamente remodelado de forma perene.

Uma das principais características da pandemia causada pelo Covid-19 é que ela impõe, para além dos aspectos médico, científico e sanitário, um desafio maior à maneira como cada país é governado e às relações entre os diversos componentes da humanidade.

O vírus, em si, não parece tão letal quanto outros organismos que conhecemos em épocas recentes, como o Ebola ou o HIV. Nas primeiras semanas, foi até possível cuidar da maioria das pessoas atingidas, e é razoável supor que medicamentos eficazes serão rapidamente desenvolvidos, assim como uma vacina. O aspecto assombroso é que, altamente contagioso, o Coronavírus provoca em muitos doentes dificuldades respiratórias que exigem cuidados intensivos. Quando não se consegue frear a contaminação e não se dispõe de equipamentos adequados em quantidade suficiente, escolhas impossíveis, cruéis, são impostas sem piedade: se trinta pacientes em estado crítico chegam ao hospital ao mesmo tempo e há apenas doze aparelhos respiratórios, quem devemos manter vivos? Quem deixaremos morrer?

A esse dilema acrescenta-se outro, menos doloroso mas tão grave quanto: em fase de propagação descontrolada da doença, as autoridades devem forçar a população a seguir suas orientações, ou apenas aconselhá-la?

Impasses que vão bem além do campo médico e nos obrigam a levantar uma questão mais ampla, que irá impactar nossas reflexões e nossos debates por muitos anos: como deveriam funcionar as sociedades humanas para fazer frente a adversidades dessa natureza?

A pandemia atual representa, de alguma forma, um *stress test*[11] para todos os países do planeta. Como nos precaver se, no futuro, tivermos que enfrentar outras ameaças mortais, causadas por conflitos armados, atentados em massa, acidentes nucleares ou catástrofes climáticas? Que mudanças teremos que operar em nosso comportamento, em nossos hábitos ou nas relações com nossos congêneres, próximos ou distantes?

O mundo que emergirá da crise atual só existe, por ora, em estado embrionário, e seria presunçoso tentar descrevê-lo hoje. Mas alguns contornos já se esboçam.

É provável, por exemplo, que os hábitos criados ao longo de meses de confinamento e distanciamento social não se percam totalmente nos tempos que virão. Seja porque descobriremos neles

---

[11] Em inglês no original. [N.T.]

vantagens que não cogitávamos, seja porque o medo de uma volta da pandemia estimulará em nós o dom da prudência.

Novas normas podem se instaurar, mudando, para muitos, a maneira de trabalhar, de comer, de se cuidar ou de se distrair, o jeito de encontrar os outros e cumprimentá-los, os meios para se locomover ou para não precisar sair do lugar.

Talvez assistamos à emergência de um mundo em que a digitalização, a desmaterialização e a robotização em excesso sejam dominantes; um mundo no qual nos reuniremos cada vez mais por meio de videoconferências, evitaremos ao máximo os encontros públicos e, de preferência, faremos compras sem necessidade de contato com outros humanos.

As consequências de uma evolução dessa ordem podem ser ao mesmo tempo calamitosas e benéficas. Uma diminuição substancial do consumo em massa prolongaria indefinidamente a crise econômica seguinte à pandemia, deixando dezenas de milhões de trabalhadores sem emprego. Por outro lado, provavelmente reduziria a poluição atmosférica e o desperdício de recursos naturais, melhorando o horizonte futuro do planeta.

Mudanças significativas podem igualmente ocorrer na maneira como as sociedades humanas são governadas.

Desde o fim dos anos 1970 – primeiro no Reino Unido e nos Estados Unidos, depois num grande número de países pelo mundo –, prevaleceu a opinião de que seria necessário reduzir sensivelmente o papel econômico dos poderes públicos, assim como sua função social. Não se desejava mais um "Estado-providência" ocupando-se das populações desfavorecidas para alimentá-las, alojá-las ou cuidar de sua saúde.

Essa visão das coisas mostrou seus limites quando confrontada ao que talvez devêssemos chamar "o grande medo de 2020". Alguns dirigentes experimentaram a tentação de renunciar aos esforços para frear a pandemia e, em vez disso, deixar que ela se disseminasse na população para que esta adquirisse uma imunidade coletiva – a tal "imunidade de rebanho" – capaz de protegê-la dos futuros ataques do vírus.

Essa teoria do *laisser-faire*, do "deixar acontecer", sanitário faz inevitavelmente pensar na teoria da "mão invisível" de Adam Smith – que evoquei neste ensaio – e, em consequência, compreender por que motivos os adeptos do *laisser-faire* econômico consideraram adotá-la agora. Não seria melhor, perguntaram-se, deixar a natureza resolver o problema por conta própria, com sua sabedoria inata, em vez de procurarmos neutralizar seus planos? Será que não deveríamos continuar a trabalhar, a produzir e a viver como antes, tomando apenas algumas precauções e esperando que essa epidemia se extinga, como ocorre todos os anos com a gripe comum? Não estaríamos, dessa maneira, evitando um desmoronamento econômico cujo custo humano acabaria sendo mais pesado que a própria pandemia?

Tais interrogações explicam em especial os adiamentos do presidente Trump, que se dedicou, no início, a minimizar o perigo sanitário. Mas essa via se mostrou politicamente insustentável, como ele mesmo confessou candidamente, no fim de março, numa entrevista coletiva na Casa Branca: quando os especialistas lhe avisaram que, ao deixar o caminho livre ao contágio, corria-se o risco de ter, nos Estados Unidos, em algumas semanas, mais de dois milhões de mortos, ele teve que renunciar a essa opinião incauta e defender – mas só por um tempo! –, o confinamento de seus concidadãos.

Pode-se prever que, nesse ponto, situa-se o início do fim para a revolução conservadora que prosperou em todos os continentes nos últimos quarenta anos? É cedo demais para afirmá-lo com certeza; mas já é uma verdade sólida que a crise sanitária torna bem menos confiável a visão de mundo pregada pelos partidários do liberalismo econômico.

Visão que, aliás, vinha sendo cada vez mais contestada nos últimos anos. As manifestações se multiplicavam em diversas regiões do mundo, denunciando as falhas de um sistema que amplia as desigualdades, empobrece as classes médias e multiplica os excluídos.

Ainda que tenha dado origem a uma inegável fase de expansão econômica global, o método de governo fundado na primazia das leis de mercado dava sinais de sufocamento. Via-se claramente a necessidade de corrigir esse sistema de forma a temperá-lo e humanizá-lo. A tragédia de 2020 veio demonstrar que as consequências de uma doutrina aplicada de maneira excessivamente rigorosa e cega poderiam se revelar monstruosas.

Ao fazer cortes orçamentários num setor não-produtivo mas literalmente vital como a saúde, o que se traduziu numa diminuição substancial das capacidades médicas, provocou-se um cataclismo humano que comprometeu gravemente a legitimidade moral do liberalismo econômico.

É razoável supor que, no sentido inverso, o papel do Estado como protetor dos governados reencontrou, de uma hora para outra, uma legitimidade que parecia ter perdido. Depois da crise sanitária, não poderemos mais ironizar, com a mesma facilidade, o chamado "Estado-babá",[12] ainda mais porque os poderes públicos terão, necessariamente, um papel maior na reativação da máquina econômica que a pandemia emperrou. Passado o *crash* atual – como aconteceu no pós-1929 –, será inevitável conceber um *New Deal* de grande amplitude que somente as autoridades governamentais terão os meios de financiar e de controlar.

Mas não foram só os emissários do liberalismo econômico que viram sua credibilidade manchada pelo "grande medo de 2020". É o Ocidente, em sua totalidade, que emerge dessa batalha ferido, maltratado e desconsiderado. Porque não mostrou nem liderança global nem eficácia técnica. Quando a humanidade inteira se sentiu

---

[12] Em francês, *État-nounou*. Maneira jocosa de os franceses se referirem à noção de Estado paternalista ou provedor. [N.T.]

ameaçada – e buscou, desesperadamente, ser tranquilizada, reconfortada, sustentada, guiada –, nem os Estados Unidos nem a Europa estiveram à altura de corresponder. Ao contrário, mostraram-se atolados, desamparados...

Essas potências, que há tanto tempo ocupam um lugar incontestável no mundo, serão substituídas por outras, vindas do Sul ou do Leste, como se ouve cada vez mais desde o início dessa crise? Num primeiro momento, creio que não. Aquilo a que assistimos é a dissolução de toda ordem mundial digna desse nome. O cenário mais plausível não é o da substituição de uma potência por outra, como se um novo soberano fosse assumir o trono que seu antecessor deixou. Será preciso, em vez disso, esperar por um longo e tumultuado interregno – permeado de crises e de conflitos de todos os tipos – antes que um novo equilíbrio possa se instaurar. As tensões sociais e raciais que os Estados Unidos viveram em 2020 dão uma amostra das turbulências que se anunciam.

No plano global, as relações, já tensas, entre americanos, chineses, russos e europeus vêm produzindo diálogos amargos sobre a responsabilidade de uns e de outros no que acaba de acontecer. Rumores tóxicos exalam das redes sociais, e tudo leva a crer que a desconfiança não irá se atenuar tão cedo. Num mundo em que vêm se disseminando, por décadas, as disputas nacionalistas mais agressivas e raivosas, o "grande medo de 2020" tem pouca chance de levar os povos a uma maior benevolência ou solidariedade. Pode-se mesmo esperar que o mundo caia, em função dessa crise, numa nova Guerra Fria – econômica, tecnológica, política e midiática –, cujos contornos ainda são incertos, mas cuja atmosfera já é palpável por onde quer que se ande.

Sei que as perspectivas que proponho não são reconfortantes. Mas, como representam evoluções plausíveis, e mesmo prováveis, não posso me furtar a expô-las. O escritor é um vigia; quando a casa está pegando fogo, sua missão não é a de deixar os moradores dormirem e desejar-lhes bons sonhos: é a de acordá-los. No entanto, rejeito o desespero, a apatia e a resignação. Continuo convencido de que uma virada é possível e tenho a impressão de que o que acabou de ocorrer vai nos ajudar a tomar consciência e a agir.

Muitos de nossos contemporâneos sentiam, antes da crise, que o mundo ia mal. Mas era uma impressão confusa, nebulosa, incerta, cuja concretização parecia difícil de enxergar. Talvez nos faltasse até aqui a consciência de um perigo iminente. Agora, a consciência está aí. Onipresente, indisfarçável, obstinada. Ninguém mais a bordo do navio dos homens pode ignorar os icebergs em sua rota, e a necessidade, custe o que custar, de evitá-los.

Amin Maalouf
Paris, julho, 2020

Este livro foi composto com tipografia Adobe Garamond Pro e impresso em papel Off-White 80g/m² na Formato Artes Gráficas.